JN015453

「顔採用？ないですよ。弊社は人間性を見ています。」

本当はこんな基準で選んでいる

人事担当者の「本音」と「実態」

松尾泰洋

「顔採用？アリマスヨ。外見ハ業績ニ影響シマス。」

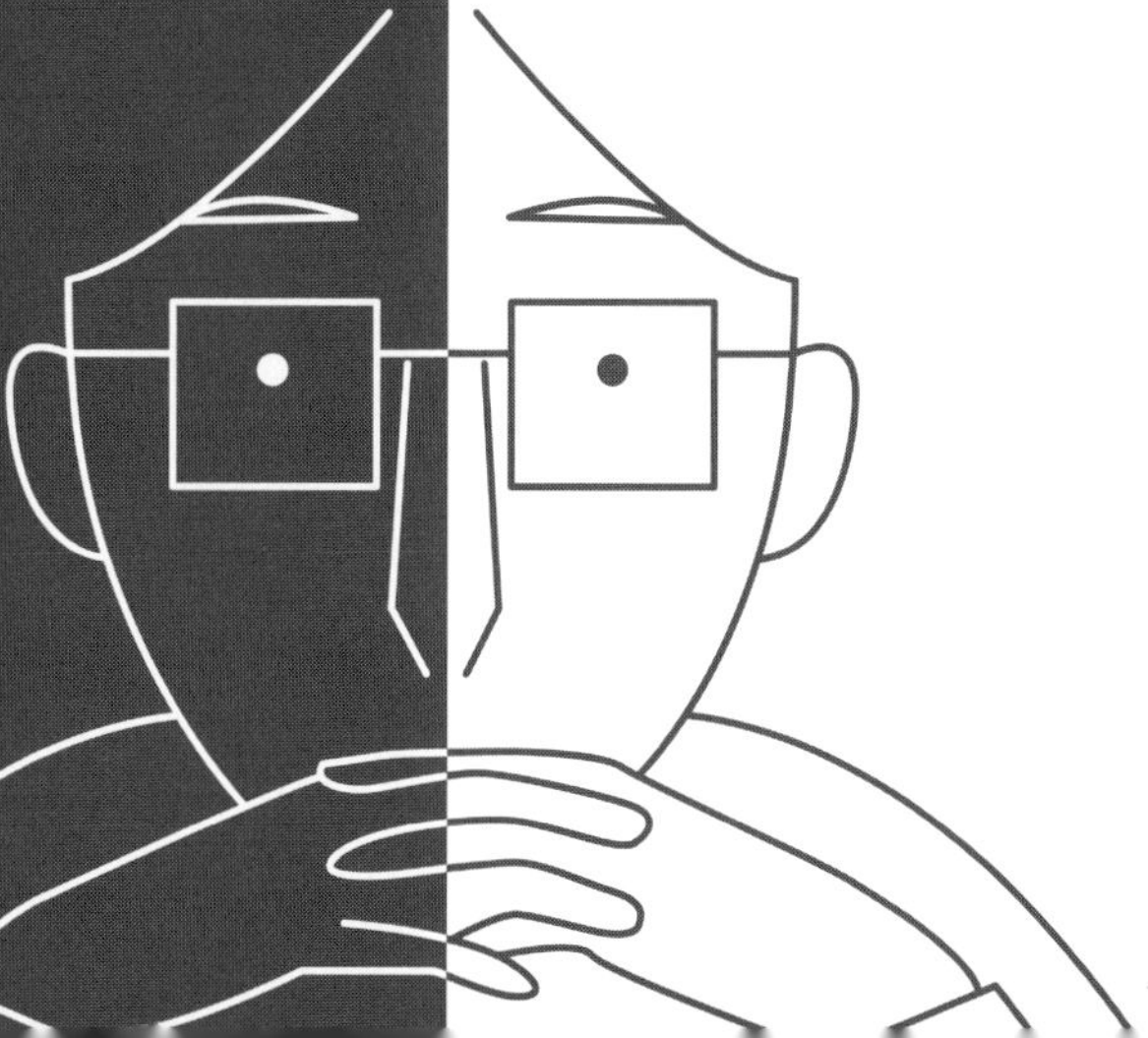

まえがき

この本を手に取って頂き、有難うございます。「就職や転職に悩んでいる方」「企業の人事担当者や採用に悩んでいる方」の一助になれば幸いです。

この本を書きたいと思ったきっかけは大きく3つあります。

●学生や転職者の就職活動・転職活動が勿体なく感じた。
●採用担当者の本音や悩みはあまり知られていない。
●企業の採用担当者から人が採用出来ないと良く相談がある。

この3点から採用の本質的な現状と、企業側、就職者側がどの様な対応をすれば、お互いが幸せな就職活動・転職活動が出来るのか？　と言うことを考えて、どんな事を書けば多くの人の為になり、見て頂いた人が実際に行動に移せるか？　と思いこの

【本当はこんな基準で選んでいる。人事担当者の「本音」と「実態」】を書こうと思いました。

よく相談を受ける「就職活動を考えている人」「転職活動を考えている人」の悩みを解決するために。

実際に私が話をさせて頂いた「企業の社長」「人事担当者」「人材関係の仕事をしている方」の考えている事や体験談、悩みを抱えた学生や転職者、実際に働いている方々の話を元に、意外な話や為になる話を中心に一気に読める。読み返して行動出来るものを書いていきたいと思います。

目　次

3　エントリー事情の本音と実態

1 顔採用の本音と実態

◆身だしなみはもちろん大事

多くの就活対策本や営業マン向けの本に飽きる程書かれているかもしれませんが、身だしなみはもちろん大切です。

スーツが体のサイズと合っていない、靴がとてもボロボロ、シャツの襟や袖が汚れている、髪の毛がボサボサと言った基本的な身だしなみができていないと面接は当然不利です。

第一印象がとても大切と言われていますが、多くの採用担当者が、一目合った瞬間に合格かどうかある程度決まると言うのも頷けます。

では体に合ったスーツを着てきれいな靴を履き、シャツもきれいに整えて髪の毛をしっかりすれば合格するのか？　と言われると、どうでしょうか？

実際に、それだけで受かるほど就職活動は楽ではありません。

1・面接官が求めている服装かどうか？

自分が入りたい会社がどういう会社なのかしっかりと確認し、そこにあわせた服装、かつ、自分の意思がこもった服装である事がとても大切です。極端な例ですがベンチャー企業であればリクルートスーツで面接に行くこと自体、違和感がある場合もあります。

可能であれば、面接に行く会社の人と事前に会う事が出来るとベストです。
それが出来なかったとしても、HPやSNSなどから社員の人の考え方や、普段の仕事の仕方などを把握していると、打てる対策が大幅に変わってきます。

例えば、ITベンチャー企業で50名くらいの会社の面接に行く場合、事前にその会社の社員に会えたとします。その会社の社員に話を聞いたところ、会社の社風としては服ラフな服装で良いけれど、クライアントに会う時はジャケットかスーツで行くと聞いていたとすると会社の面接にはどのような格好で行くのが良いでしょうか？
この場合、多少ラフなジャケットパンツから柄の入っているスーツ位が良いかも知れません（一概には何とも言えません）。

知り合いの大学生の子の中には一回もスーツ着ませんでした。と言う子もいました。
ＨＰに乗っている社員の服装も大切です。逆にＨＰ上でのさまざまなシーンを見て、基本はラフな格好でも状況に応じてシッカリした格好をしている会社の場合、柄の入っているスーツ〜リクルートスーツ位が良いかも知れません。

２・普段、どういう人と関わっているか？

普段関わっている社会人が、大学の先生など自分の周りの人だけなのか？　行きたい会社の人達と関わっているのか？　企業の社長や役員のような方々と関わっているのか？　などなど、普段から付き合っている人脈の幅の広さは、行動、言動、そして服装にも表れてきます。なるべく多様な人との関わりを持つことで、社会人として「格好良く」なれます。

例えばベンチャー企業の社長と話すことが多くなれば、話し方や、話す内容、言葉遣い、質問の質、落ち着きなどすべての部分で立ち振舞いが変わってくるものです。

とは言われても、どこに行けば関われるのか？　疑問が出てくるかもしれません。
人脈を広げるには、次の様な方法が考えられます。

・友人や先輩、先生から紹介してもらう
・親に紹介してもらう
・社会人サークルなどの会に参加する
・イベントやビジネスコンテストなどに参加する
・飲み屋やＢＡＲなどで声をかける
・メールマガジンに返信して話を聞きに行く
・メールやメッセージなどでアポイントを取る

実際に行動したとしたら、どんな行動になるのか考えてみましょう。

・友人や先輩、先生から紹介してもらう

社会人と付き合いのある友人や先輩に「●●で働いているお知り合いいません

か？」と聞いてみて下さい。一人だけだと難しいですが、何人もの人に聞いてみると、意外と周りにはいるものです。労力を惜しんではいけません。

高校や大学の先生にお願いしてみましょう。先生がつながりをもつ方はもちろん、先生経由で卒業生の方や卒業生の友人にもお願いすることができます。ただし、動いてくれる先生もいると思いますし、動いてくれない先生もいると思います。

・親に紹介してもらう

親は一番身近な協力者でもあり、一番身近な社会人でもあります。そして、親の年代の友人に話をしたい人が居た場合、長く働いているケースや、それなりの役職についているケースも多いでしょう。

親の交友関係が少ない場合も考えられますが、一度協力をお願いしてみましょう。最低でも20歳以上の年齢の方ばかりなので、場合によっては企業の重要な役職についている親の同級生などもいるかもしれません。

・社会人サークルなどの会に参加する

インターネットで「社会人サークル」と検索してみてください。恋愛関係のものや、交友関係を広げるもの、仕事の交流をするもの、趣味の集まりなど様々なサークルが出て来ると思います。趣味でアプローチする場合は「(自分の趣味)(地名)」などで検索してみて下さい。

参加したところで交友関係を広げられれば、その周りの人を紹介してもらうことも可能かもしれません。しっかりと目的意識を持って参加してみましょう。

・イベントやビジネスコンテストなどに参加する

前述の社会人サークルと同じ様に「学生　ビジネスコンテスト」などと調べてみてください。自分に縁のある(地名)を入れるのもありです。もちろん社会人向けのビジネスコンテストもあるので、調べてみて下さい。エントリー基準は意外と高く無く、誰でもエントリーできるものが多いのが特長です。

私もユヌス・ソーシャルビジネスコンテストというビジネスコンテストに関わっていますが、そこでは社会人メンターが参加者に付きます。

そこでビジネスコンテストにチャレンジした経験、出会った社会人の人脈は今後の人生においても、就職活動においても、大きな武器になります。

そういった場所に関わっている方は交友関係が広く、人を応援することになれている方が多いので、少し大変かもしれませんが、是非、挑戦してみる事をお勧めします。

・飲み屋やBARなどで声をかける

これは少しレベルが高いですが、私が20歳の頃、実践していた方法です。お酒が苦手な方はちょっと難しいかもしれません。

カウンターだけのお店の場合、一人で何回か飲みに行けばお店の人と仲良くなれることがほとんどです。特に20代の場合、あまり同年代で一人で飲みに来る人が多くないので、色々な人に可愛がられる事も多いです。

隣に座った人がとても凄い人なんて事もあったりします。

あくまでも一人で行くことが大切です。友人と2人で言ったりすると中々、周囲の人と話をするのは難しいです。

少し勇気のいる行動ですが、可能な方は是非トライしてみて下さい。

・メールマガジンに返信して話を聞きに行く

興味のある業界や事柄のメールマガジンには登録しておく事をお勧めします。私もメルマガの配信をしています。1通目、2通目など配信はじめは良く返信が返って来ますが、それ以降、返信が返ってくることはほとんどありません。だからこそ、返信して、アポイントをお願いしてみることには効果があるものです。

もちろん、返信がない場合もありますが、他の方法に比べ、気軽に実行できると思うので、ぜひチャレンジしてみてください。

・メールやメッセージなどでアポイントを取る

会いたい人がいれば直接メッセージを送ってみる事も一手です。手紙などもアリでしょう。特に最近はFaceBookなどで、共通の友達を検索する事もできます。もし会いたい人がいた場合、その人の共通の友達に自分の知り合いがいないか調べてみましょう。もし、自分の知り合いが会いたい人と繋がっていた場合は●●さんを紹介してくださいと頼んでみる事も大切です。

多様な人と関わる方法

友人や先輩、先生から紹介してもらう

●●会社で働いている友人やお知り合いの方はいませんか？
その会社に入りたいと思っているので、お話が聞きたいです。紹介してください。

親に紹介してもらう

●●会社で働いている同級生とかいない？？
話聞きたいんだけど、紹介してもらう事出来ないかな？？

社会人サークルなどの買いに参加する

インターネット検索　google で検索したり、SNS のコミュニティーに参加したり
目的意識を持って探してみましょう。

イベントやビジネスコンテストに参加する

インターネット検索にて　ビジネスコンテスト　と検索する。
興味のあるビジネスコンテストにエントリーしてみる。

飲み屋や Bar などで声をかける

一人で飲みに行ってお店の人と仲良くなる。
常連さんを紹介してもらう。

メールマガジンに返信して話を聞きに行く

自分が興味あるメールマガジンの購読をして、実際にそのメールに返信する。
意外と会える場合も多いので、是非挑戦してみてください。

メールやメッセージなどでアポイントを取る

会いたい人がいる場合、まずは行動してみましょう。
積極的な人には会ってくれる人が多いです。

などなど簡単な方法から難しい方法まで様々な方法が考えられます。自分が普段関わっていきたい人をしっかりと見定め活動して下さい。

実際に会った後にお礼のメールを送ったり、次回の約束をしたりすることも大切です。お礼のメールは、できる限り24時間以内に送りましょう。学生の場合、社会人へ送るメールは最低限のマナーを守る必要もあります。

【メールの送り方】

メールタイトル

御礼メールなどビジネス的なメールを送る場合は、タイトルをしっかりと記載しましょう。メールをもらう側は仕事で沢山のメールをもらっています。タイトルが怪しかったり、よくわからなかったりすると開かれない可能性もあります。

タイトルに記すべきは「内容：日時、要件、名前」です。

悪い例：「御礼」
これだと何の御礼かわかりません。怪しい迷惑メールにも見えます。

良い例：「3月2日のアポイントに関する御礼　松尾」
タイトルである程度、メールの内容が推察出来るので、相手にも親切です。名前は差出人名で表示しても大丈夫です。

差出人名

メールを貰うと、メールアドレスが表示されている場合と、相手の名前が表示されている場合があります。これは相手側の設定ではなく、自分側の設定で変更出来ます。パソコンから送るか携帯から送るかにもよりますが、差出人名は自分と分かる様に設定しておきましょう。設定方法は「使っている機器」「差出人名」「設定」などで調べられます。

メールの内容

メールの内容は「宛先」「挨拶」「要件」「締め」「署名」で構成されています。
間違っても、
タイトル：「御礼」
中身：「昨日はありがとうございました。　松尾」
といった端的な文章で終わらせないようにしましょう。

【出会いは大切　～一つの出会いで人生が変わる～】

大げさに聞こえるかもしれませんが、出会い一つで人生が変わる人は多いです。仕事の話で言えば、親の知り合いの会社に就職、転職する人もいれば、飲み屋で隣に座った人の会社に転職することもありますし、子供を通じて出会ったパパ友の会社に転職する人もいます。

働く会社が変われば、文字通り、人生が変わると思います。何かの拍子に出会った人がキッカケで前述の様に仕事を変える人もいれば、中には夢を叶えられる人もいます。

人と人は簡単に出会っているように見えますが、その人の周りにどんな人がいるか、その人と出会うことでどれだけ自分の人生が広がるか、はとても未知数なのです。

簡単に書いていますが、人と出会って、その人の事を知って、繋がる、という事は人によってはとても難しい事かもしれません。

せっかくなので、人と繋がる為のトレーニングを実践してみましょう。

・まずは、人と出会う

色々なところで書きましたが、人と出会う手段は多くあります。学生であれば同級生、会社員であれば同僚、とはすでに出会っていると思います。新しい場所に行く事も大切ですが、まずは近い人から挑戦してみましょう。

・興味を持って人の話を聞く

人と繋がる時に大切な事は自分の話をする事ではなく、相手の事をよく知る事です。まず、考えてみましょう。今日、最初に会った人、または会う人の事を考えてみましょう。あなたは、その人の誕生日、好きな食べ物、好きな音楽、出身地、仕事、趣味、寝る時間、起きる時間、家族構成、夢、価値観など、あなたはどの位その人の事を知っているでしょうか？

まず、５人に興味を持って話を聞くようにしてみて下さい。

・相手の役に立つ

前述の様に興味を持って話を聞くと、今困っている事や将来やりたい事など色々な事を知れると思います。その中から、あなた自身が役に立てる事を実践してみてください。今回は練習なので、相手からの見返りなどは求めずに挑戦してみる事をお勧めします。

肩が凝っている人であればマッサージしてあげる。勉強を教えてあげる。もしかしたらストレスが溜まっているだけで話を聞いてあげるだけでも相手の役に立てることは多いです。

その人の役に立つことで目の前の人との繋がりが作れます。まずは興味を持って話を聞き、その人の役に立ってみて下さい。

3・人から言われた服装か？　自分で考えた服装か？

親に買ってきてもらった。本に書いてある通りの服を買った。店員さんに言われるままの服を選んだ。この様に人任せにした服装は見た目で違和感が出てくるものです。どういった会社の、どういった部署に、面接・面談に行くのでネクタイは何色が良いか？　パンツスーツの方が良いか？　スカートの方が良いか？　と言う事を自分で考えて、自分で買いに行く【行動】と思考の【プロセス】がとても大切です。

スーツの販売員などに明確な意志を伝えて服装を選ぶお手伝いをして貰えるととても良い買い物が出来ると思います。

就活用ということは、
リクルートスーツですね。
IT ベンチャーの面接で
あまり固いデザインは避けたいです。
少しラインの入った
カジュアルなジャケットはいかがですか？

悪い例：就職活動で服装を選んでいます。↓ではリクルートスーツですね。

良い例：ＩＴベンチャー企業の面接に行く予定なのですが、少しカジュアルな会社なので、あまり固い感じは避けたいのですが。↓少しラインの入ったカジュアルなスーツだといかがでしょうか？

と言う雰囲気で会話が繰り広げられると良いですね。

ネクタイの色や柄、シャツの種類、タイピン、カフスなど、差別化出来るポイントは沢山あります。

まずは店員さんとしっかり話をできるようになってみましょう。しっかりとアドバイスをしてくれる店員さんを見つける事も大切です。

◆顔採用あります

「無い」と言う人はたくさんいます。「無い」と言う企業はたくさんあります。多く

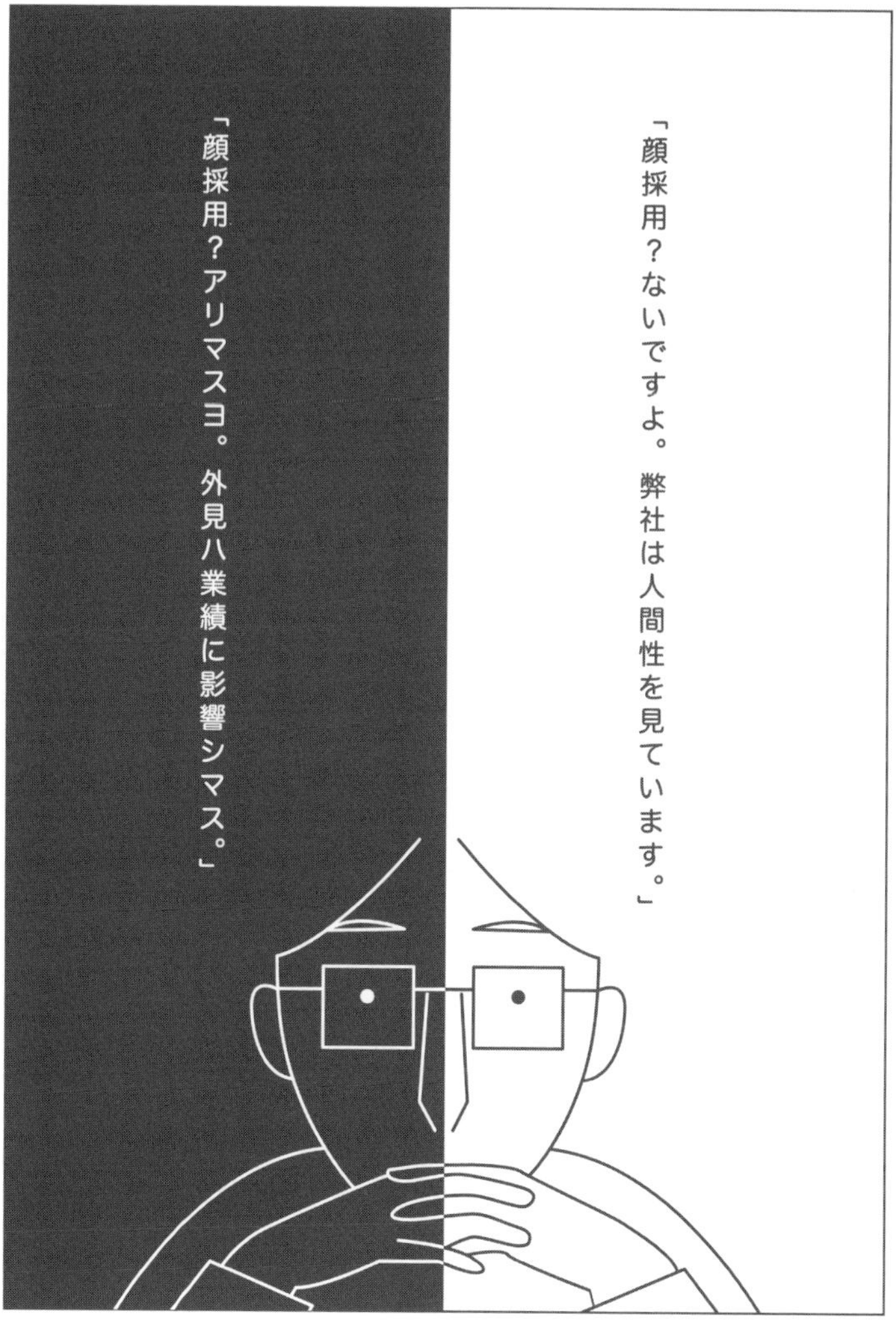
「顔採用？ないですよ。弊社は人間性を見ています。」
「顔採用？アリマスヨ。外見ハ業績に影響シマス。」

の本も否定しています。

例えば、大学のキャリアセンターで「顔採用ってありますか?」と聞いても、それは否定すると思います。企業の採用担当に聞いても「選考基準に入っていません」と言われるでしょう。

しかし、顔採用は「あります」。

多くの企業、人事担当、中小企業の社長に聞いても、公の場所でなければ大抵の企業は「顔採用ありますよね~」と話をしています。

では、具体的に【顔採用】とはどう言う事でしょうか? 実際に顔立ちが整っている事や体型などでも多少の選別はありますが、最近の研究では「信頼されやすい顔」や「仕事が出来そうな顔」などが見た目で判断されている、と言う研究結果も出ています。

仮に面接の評価が多少違ったとしても、

「仕事が出来そうな顔」

「仕事が出来なさそうな顔」

の人がいたとしたらどうでしょうか？

おそらく、多くの採用担当者はちょっとした評価の差であれば前者を採用するでしょう。


では、「仕事が出来そうな顔」とは、どういう事でしょうか？

これは、職業や、実際従事する仕事内容により大きく変わってきます。

例えば、金融機関の受付の人材であれば「優しそうな顔」、法人営業であれば「スマートな顔」、業界が変わり、介護業界などであれば「ホッとする顔」、ＩＴ業界であれば「パソコンが好きそうな顔」の人達が、優先されやすいと言えるでしょう。

実際にイメージが湧く方も多いと思います。採用担当者も人なので、同じ様なイメージを持っていると思って間違いありません。大きい声では言えませんが採用評価基準に【顔】と言う項目がある企業も実際にあります。むしろ多いです。

そもそも顔なんて変えられないじゃないか？　と思う方もいるかもしれませんが、前述したように顔の作りを見られているわけではなく、雰囲気をみられているのです。その為、

・髪型
・歯並び
・化粧
・眉毛、ヒゲなどの手入れ
・メガネ・コンタクト

などなど、対策をできる事は沢山あります。服装と同じく、自分らしさは忘れずに、入りたい会社の雰囲気に合わせた対策をする事が大切です。

髪型であれば美容室を予約して髪を切りに行くことはもちろんの事、スタイリング

を教えてもらうことも出来ます。法人向けの営業マンと大手企業の総務では、良しとされる髪型が違います。また、わかる場合は面接官の年齢や仕事で関わるであろう人の年齢、好みが分かると、髪型も整えやすくなってきます。

歯並びで面接に落ちる事は滅多にないですが、個人向けの客商売の場合、歯並びなども大切になってきます。場合によっては矯正を考えても良いかもしれません。また、歯石取りや虫歯の治療も大切です。面接官との距離は実際に面接に行って見ないとわからない為、口臭がするから、という理由で面接に落ちる可能性がないわけではありません。

特に大学生の場合、普段、化粧をしないが、面接になっていきなり化粧を勉強するという場合もあると思います。気をつけるべきケースとしては、化粧品売り場の人にメイクを教えて貰ったり、実際にやって貰ったりする場合もあるかもしれませんが、その担当者により濃すぎたりする事があります。

就職活動に入る少し前から練習をして、周りの人（出来れば入りたい業界の人）に印象を聞いてみることも大切です。

眉毛、ヒゲなどの手入れも前述の化粧と同じですが、突然初めても難しいこともあります。美容室などでやってもらう事も出来ますが、普段の生活の中で実践して周りの人からの印象を聞いておけるとベストです。その場合、自分がどの様なイメージを伝えたいのか？　を相手に伝えて確認してもらうことが大切です。

少し考えただけでも色々なアクションを実行する事ができます。実際に行動する事が大切です。まずはやってみましょう！

◆自己分析よりダイエット

就職のために多くの人が、自分が何をやって来たか？　自分に何ができるか？　自分が何をやりたいのか？　と考える自己分析に取り組んでいると思います。

しかし、今までお伝えして来た通り、第一印象はとても大切です。そして、自分が

就職・転職活動の為にスグ出来る事

自分が出来る事を付箋に書いて実践してみましょう！
実践したら書いた付箋を捨てる。の繰り返し

服を買う	服の手入れをする
髪を切る	髪を整える
肌のケア	ヒゲを剃る
化粧をする	歯の手入れをする
靴を買う	靴の手入れ
持ち物を選ぶ	爪を切る
メガネをする	コンタクトをする

大切な事

自分で目的を持って美容室や、服、歯医者などを調べ、選び、行動する。さらに自分の考えを伝えてイメージ通りに仕上げて貰う。イメージ通りの物を購入する事が大切です。

しっかりと目的意識を持って行動しましょう。

何か目標を立てて、そこに対して取り組んだ実績は評価されます。

例えば、「10キロ痩せる為にダイエットをすると目標を設定し、毎日10キロ走りました。その名残で今も10キロ走っています」という方が、自己分析をやって「自分は人と関わることが好きな人です」というよりもよっぽど説得力があります。


つまり、自分が何をやりたいとか、どういう人か？　と言うより、何を目指して、どんな事をやってきたか？　と言うことが重要視されるのです。

もちろん、自己分析をやらなくて良いということではありません。自分が何をやりたいか？　どういう人間か？　という事は志望動機としてとても大切です。

その志望動機はあくまでも自分が会社を選ぶ基準であり、相手が選ぶ基準ではありません。つまり、自己分析は採用される為にやる事ではなく、自分が企業を選ぶ為にやることなのです。

企業に選ばれる為の努力は今まで書いていた通り、色々と実行できる事がある為、目的を見据えた行動を取るようにしましょう。

自分が会社を選ぶ理由

・何がしたい
・何が好き
・何に向いている
・目標
・将来ビジョン

会社が自分を選ぶ理由

・何をしてきた
・何が出来る
・何に向いている
・これまでの実績
・成長性

2　面接事情の本音と実態

◆履歴書の中身は見ていない

あなたが履歴書を書く時、何に注意して書いていますか？　採用の面接担当者は履歴書を見ている時、何を見ていると思いますか？

履歴書が手書きの場合、「字が綺麗か？　丁寧に書いているか？」という部分は見ていますが、自己ＰＲなど、中身の部分は実はほとんど読んでない場合が多いのです。面接担当者が、面接の時に見るところは、「明るい」「元気」「活発」などの抽象的な事ではなく、「どこの大学で、何学部で、どんな所でアルバイトをしていたか？」という、事実を見ています。

その他、事実から考えられることに関しては、面接の時に質問すれば分かる事なので、わざわざ履歴書から読み解こうとはしていないのです。

企業の大小にもよりますが、面接官は何人もの履歴書を読んでいます。相手の気持

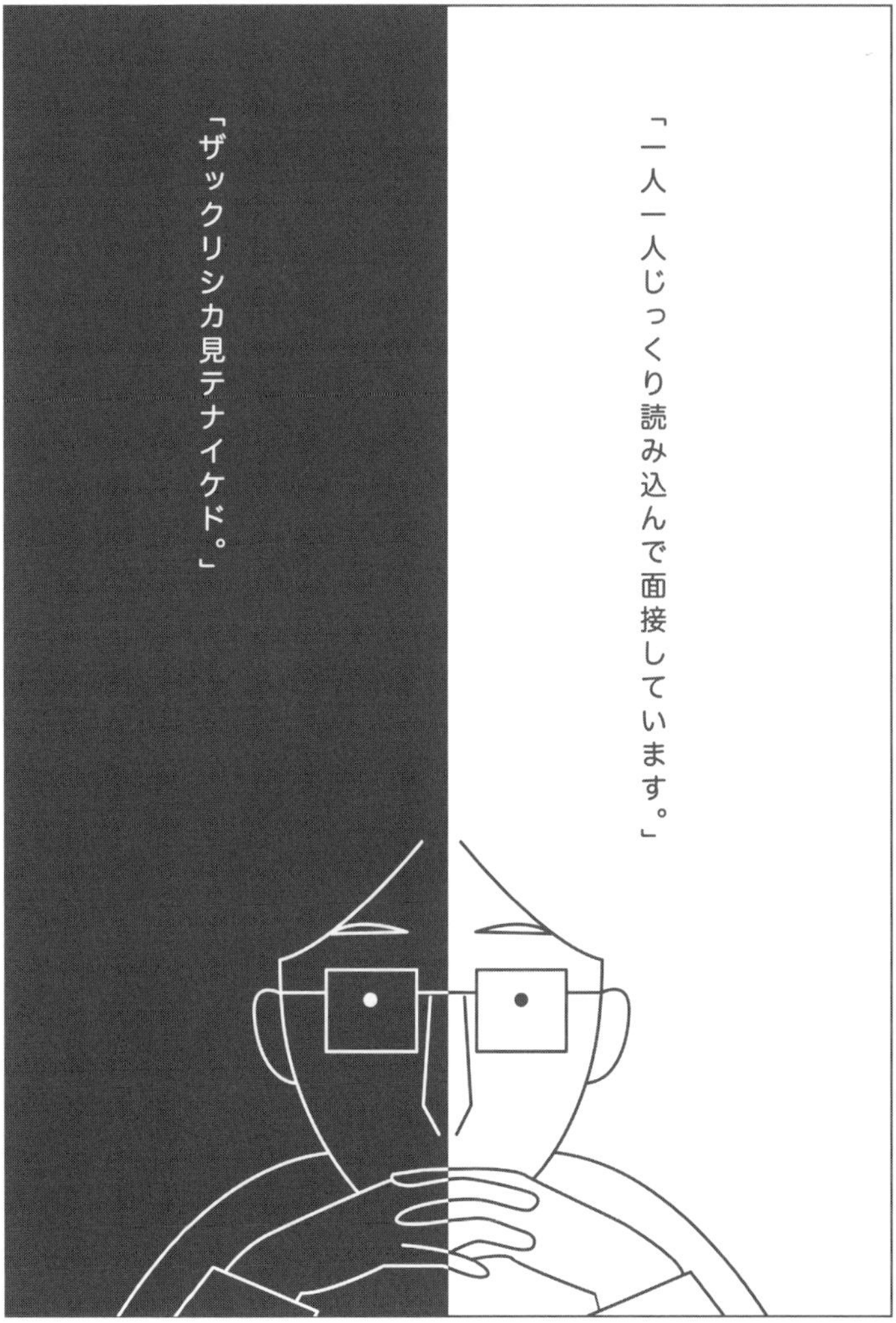
「一人一人じっくり読み込んで面接しています。」
「ザックリシカ見テナイケド。」

ちになって行動や質問の意図を考えると見えてくるものもあるかもしれません。
ですから、履歴書を書く時は「面接官はなにを知りたいか？」を意識すると面接官からの印象も良くなります。

例えば、「パン屋でアルバイトをしていた」と書けば、そのパン屋についてのエピソードを聞かれる可能性が高くなりますし、「テニスのサークルに入っていた」と書けば、サークル活動について質問される可能性が高くなります。

その質問をされた時に具体的なエピソードを通して「自分の考え方や行動力を伝えられるかどうか？」が重要になってくるのです。

「自分が入りたい企業がどんな人を必要としているのか？」をしっかりと考えて履歴書を書くことが重要です。

・履歴書内容からの質問例

【自己アピール】　飲食店でのアルバイトでバイトリーダーを経験しました。その経験を通じてリーダーシップを身につけました。

・なぜバイトリーダーとして抜擢されたか？
・アルバイトは全員で何人いたか？
・実際、リーダーシップをとったと思える具体的なエピソードは？
・一番大変だったことは？

【趣味】　サッカーです。
・サッカーを通して得たものは？
・なぜサッカーが趣味なのか？
・どんな役割だったか？
・部活でやっていた場合、先輩や後輩との関わり方

などの質問が想定されます。この後のワークのように実際に書いた履歴書から質問を考えてみましょう。

ワーク

実際に履歴書を書いて模擬面接をやってみてください。友人や、家族、学校の先生などに手伝ってもらえるとベストです。

ワークを実践する場合の注意事項を左記に書いています。模擬面接を実践してみて、履歴書を見直してみましょう。

手間はかかると思いますが、入りたい会社ごとに質問を想定して履歴書を書き換えてみましょう。

【実践していたことから想定される質問問答のワーク】

1　最終的に知りたい事を想定してください。

・素直さ：入社後、先輩や上司の意見を素直に聞いて仕事に取り組むことができるか？

・達成力：自分で決めた目標や会社から落とし込まれた目標を意識して達成するまで努力することができるか？

・根性：何か失敗した時や、怒られた時に原因を考えて改善し乗り越えることが出来

模擬面接の為の質問を考えてみましょう

あなたが面接官だとして、どんな事を知りたいですか？

例：達成意欲があるかどうか知りたい

上記の内容を知る為に、どんなエピソードから聞き出せそうですか？

例：部活動で努力して活躍した経験があるか？

どんな質問から始めれば、上記のエピソードが聞けそうですか？

例：学生の頃頑張った部活などはありますか？？

るか？

・組織力：組織の一員として自分の役割を把握し、自分の仕事だけでなく、周囲の仕事も把握してスムーズにプロジェクトを進める力があるか？

2　具体的なエピソードから右記の内容を知るための質問を考えてください。

例：テニスをやっていた場合

・素直さ　先輩や先生との関係性を聞く

・達成力　何か目標をたてていたか？その目標に対して何を実践していたか？

・根性　辛かった経験は？　どうやって乗り越えた？

・組織力　自分の役割はなんだったか？　具体的に何をしたか？

実際の面接、面接官は知りたいことがあり、それを知るために質問をしてきます。具体的に何を伝えられると良いか？（どんな項目があるか？）に関しては47ページの【大手になるほど機械的な選考作業】を読んで、実践してみて下さい。

◆「第一志望です」は信用していない

そもそも採用担当者の人は「御社が第一志望です。」と言う言葉は信用していません。今まで多くの採用候補者に第一志望と言われながら、内定を出したら辞退をされる、と言うことを繰り返して来ている為です。

本当に第一志望と言う気持ちが伝われば別ですが、あなたは色々な異性に告白している人に、「君（あなた）が一番だよ」と言われて信じるでしょうか？　なかなか難しいと思います。

では、どうすれば良いのでしょうか？　手っ取り早い手段としては、1社しか受けない、と言う手があります。確かに他の異性に告白してない状態で（それが分かる状態と仮定して）君が（あなたが）一番です。と伝えれば信用はしてもらえるかもしれません。しかし、相手の好みでなければ振られるだけです。採用も、就職先の企業が「自社と合わない」と思えば選考で落とされてしまいます。相手にも、あなたを「志望」してもらわなければなりません。

相手に自分が合うかどうか調べる方法があります。

よく企業分析と言って情報を調べている人は多いのですが、「どんな人が働いているのか？　実際の仕事内容、理念がどんなもので実際に実行されているのか？」など細かい部分まで調べている人がとても少ない印象です。少なくとも左記の内容は調べてみましょう（調べる努力をしてみましょう）。

1・5人、実際に働いている人に話を聞く

「○人の人に話を聞きに行く」と目標を立てて行動するとよいでしょう。

一人だけの話だと内容が偏るので複数人の話が聞けると良いですね。あまり多くの人に話を聞くのも時間が足りないと思います。適度な目標人数の設定をお勧めします。

実際に話を聞きに行く際は、聞きたいことをまとめて行きましょう。その場の雰囲気で話を聞くと、本当に聞きたいことが聞けないかもしれません。準備したことに拘る必要はありません。準備した内容から外れることは問題ないので、準備だけはして行きましょう。

「弊社が第一志望なんて光栄です。」
「ドウセ他ノ会社デモソウ言ッテルンデショ。」

2・募集要項に書かれている事と実情が一致しているか？

例えば、

「残業はありません。と書いているのに残業がある。」

週休2日募集なのに週1日休み。10時出勤と書いているのに、新人は9時出社。顧客対応なしと書いてあるのに顧客対応がある。

などなど様々な内容で食い違いがある事があります。従業員募集の為に、事実とは異なる事を書いている企業も多いのです。可能であれば実際に働いている人に話を聞きたいところですが、口コミサイトや評判などで調べる事も可能です。

3・実際の仕事内容、どんなソフトを使用してどんな人と関わるのか

大きい会社であればあるほど、やりたい仕事の部署につけない事もあります。花形部署の仕事だけではなく、いろいろな部署の仕事がどんな仕事内容なのか？　その仕事にどんなツールやソフトを使うのか？　調べられれば調べて下さい。これは会社規模にもよりますが、ＨＰなどで部署の構成を調べたり、その部署がどんな事をしているか調べたりする事である程度わかります。想像するのは難しいかもしれませんの

で、親や知り合いの社会人の人に分析を手伝ってもらえると良いです。
もし使っているソフトなどが分かれば先行して勉強したり、同じソフトを使っている会社でインターンしたりするとかなり有利になります。

4・1日、1週間の仕事の流れ

なかなか調べるのは難しいかもしれませんが、可能な限り調べてみましょう。実際にその会社に行ってみる。関係会社でアルバイトやインターンなどで働いてみる。サービスを提供している会社であれば利用してみる、など様々な方法があります。

5・会社の周りに何があるか？　実際に歩く

これは、その通り、会社の周りを歩いてみることです。夜飲みに行くと、もしかしたら、行きたい会社の社員の人がいるかもしれません。
他にも「会社帰りに買い物が出来るのか？」「実際に家から会社に行くとしたらどの位の時間がかかるのか？」「友人などと会う場合、どのエリアで会うのか？」など実際に行動してみる事が大切です。

受けたい会社の事を毎回毎回調べるのは大変と思うかもしれませんが、その後ずっと働く事を考えたら、その位の労力は惜しまない事をお勧めします。

例えば、会社の周りに美味しいお店があるだけでも働くモチベーションは上がります。働いてみたい会社の周りでランチしてみるだけでも違うかもしれません。

◆嘘や用意してきた言葉は見抜かれる

多くの人は就活本などを読んで、「どんな事を喋ろう?」とか、「少しくらい自分を大きく見せよう」と考えて面接の準備を進めているかもしれません。

例えば、面接の質問を想定して、その質問への答えとして、対策本の例文を丸暗記していたとしたら、どうでしょう?

面接官はとても多くの人に同じ様な質問をして多くの回答を聞いて来ているのです。丸暗記して来た回答は、「丸暗記して来たんだな」とバレてしまいますし、自分を大きく見せようとして答えた回答には、少なからず嘘がまざってしまう為、細かくヒアリングされると、どんどん浅い回答になってしまします。

会社を調べる為に出来る事

5人、実際に働いている人に話を聞いてみる

目標を立てて人と会う。
実際に会って話を聴けるまで努力を継続する。。

募集要項と事実が一致しているか調べる

上記の方法で実際に働いている人に話を聞く。
インターネット、口コミサイトで調べる。

実際の仕事内容を調べる

会社のHPを見てみる。親や、知り合いの社会人に聞いてみる。
実際にその企業、同様の企業でインターンやアルバイトをする。

1日、1週間の仕事の流れを知る

実際に働いてみる。会社に足を運んでみる。
サービスを利用してみる。

会社の周りに何があるか？実際に歩く

実際に会社の周りを歩いてみる。
その会社に出勤しているイメージや、帰りのイメージをしてみる。

上記の他にも出来る事は沢山あります。会社を調べる努力を惜しまない事が大切です。面倒臭がらず、納得いくまで調べましょう。

では、どうすれば良いのでしょうか？

回答としては、

1．事実を書く

実際に自分が取り組んできた事、出してきた結果を書く事が大切です。特に目的を持って取り組んだ事で、結果を出せた事であれば、それが何であろうと書いた方が良い事が多いです。

【ダメな例】

１００人のサークルで幹部をやっていて優勝することが出来ました（実際は幹部ではなく補欠だった）。

これはわかると思いますが、嘘をついているのでダメです。もちろん、面接する側からすれば、嘘かどうかは判断出来ません。サークルに問い合わせても実際在籍していた人なので、嘘を見抜くのは極めて難しい内容になります。

しかし、面接なので、質問はここでは終わりません。どんなサークルだったのか？で始まり、幹部として具体的に何をしたのか？　サークルの中で一番印象に残っている出来事、感謝している事、困った事、など様々な質問が飛んできて、それが、最初に話した優勝や幹部活動に繋がってないと疑念を持たれます。大きい会社で候補者が多い会社であれば疑念の時点で落とされる可能性もあります。

こういった理由から「話を盛る」行為はとてもリスキーなので、やらないようにしましょう。

【良い例】

車を買う為にアルバイトをして毎月2万円貯めて中古で車を買うことが出来た。

普通にありそうな話ですが、話を盛るよりよっぽどこっちの方が良いです。実際にやった事を話せますし、目的のために行動して達成していることが評価されやすい点です。

この場合も、「車が欲しかった理由は？　何でそのバイト先にしたのか？　バイトで実際に困ったことと解決方法は？」など色々な事を聞かれると思いますが、実際にやったことなので、明確に答えられると思います。

2. より多くの人と接する

多くの人と話をする事で自分の事を整理して話せるようになったり、客観的に話せるようになったりします。

また、話のスピードや、声の大きさ、トーンなど相手の聞きやすさを意識してしゃべる事で、会話慣れをする事も出来ます。普段から人と話す人と、話さない人では面接で大きな差が出てきます。

可能であれば様々な年代の人たちと関わり、会話できているとさらにベストです。多くの同級生だけと話すよりも面接官と同年代の人たちと関わっている方が、言葉遣いや、その年代の人たちの雰囲気をつかむ事ができます。

チャンスがあれば、どんどん様々な年代の人たちと関わるようにしましょう。

3. 事実から伝えたい事を明確に描く（会話の流れ）

「自分が伝えたい事は何か？」を意識して前述の事実を書く事も大切です。

面接の為に出来る事

1　事実を書く

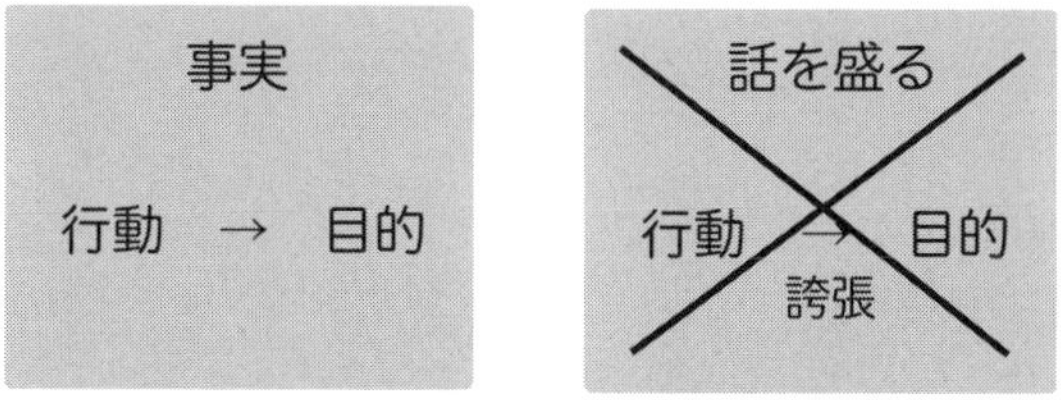

2　より多くの人と接する

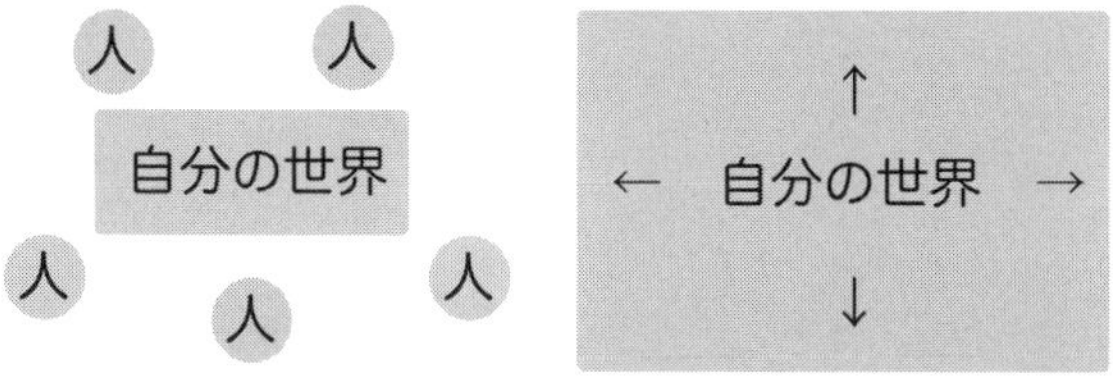

3　事実から伝えたい事を明確に描く

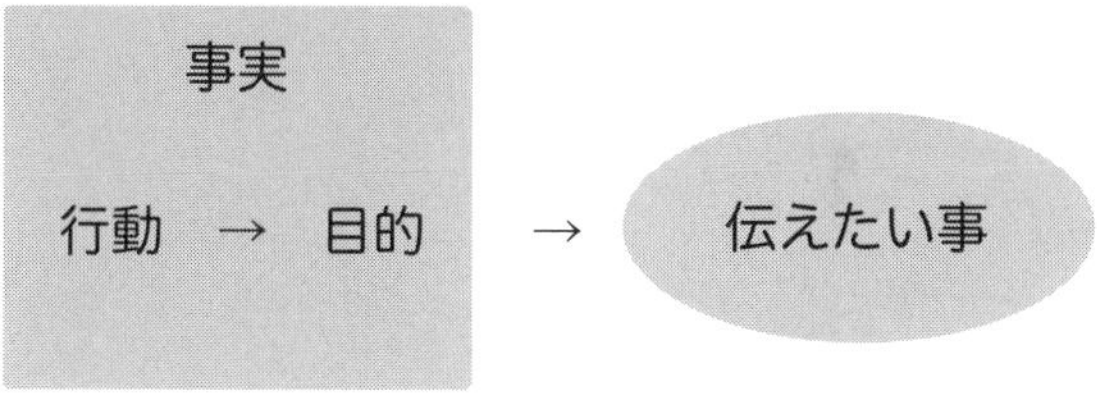

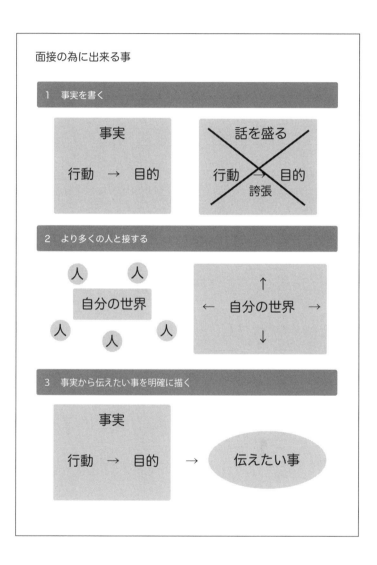

例えば、素直さをアピールしたいときに、前述したアルバイトの目標達成の事をアピールしてもアピールできないですし、行動力をアピールしたいのに「アルバイトだけやっていました」とアピールしても弱いです。

その会社がどんな仕事をしていて、何をアピールするべきか考え、自分がやってきたことの中からアピールできるストーリーを考えてみてください。詳細はこの後の評価項目の部分で書いて行きます。

◆大手になるほど機械的な選考作業

大学名や経歴などがフィルターに引っかかり、採用されないのではないか？と心配になった事はありませんか？　今の世の中、そんなことありません！　と言いたいところですが、「そんな事」はあります。

違う視点から見てみると大手企業であっても大学名を問わない企業や、その人自身を見ようと言う企業がないわけでもありません。

つまり、大学名だけで決まると言うわけではありませんが、それでも採用人数が多くなればなるほど機械的な先行手順になってしまう事は、現状ではどうしようもありません。

・簡易テストの結果
・大学名
・趣味があるか？
・文章力があるか？
・留年してないか？

など様々な所で選んでいますが、実は面接も機械的に行われている事が多いのです。何故でしょうか？

　これは面接官同士の目線が違ってしまうと運で採用を左右される人が出てきてしまい、会社の不利益にも繋がる為です。後ほど書きますが、とは言っても面接官も人なので運はあります。

　では、どの様に機械的な選考作業が行われているのでしょうか？

評価項目に関しては大企業も中小企業も大きくは変わりません。左記の様な評価基準が用意され、質問した内容の中から、1~10点やＡＢＣ評価などで判断しているところがほとんどです。

企業が大きくなればなるほど、序盤の選考基準は点数化しなければ、優劣が付けられないためです。

【評価基準】

・素直さ：知らないことや、わからない事を「知らない」「わからない」と伝える事ができ、知っている人に聞いて行動する事ができる。

・明るさ：大きな声でハキハキと挨拶する事ができ、誰にでも笑顔で接する事ができる

・身だしなみ：清潔感のある身なりで、頭髪、ひげ、爪、服装などが整っていて好感が持てる

・謙虚さ：他人からのアドバイスを謙虚な姿勢で聞き入れる事ができ、行動に写す事ができる

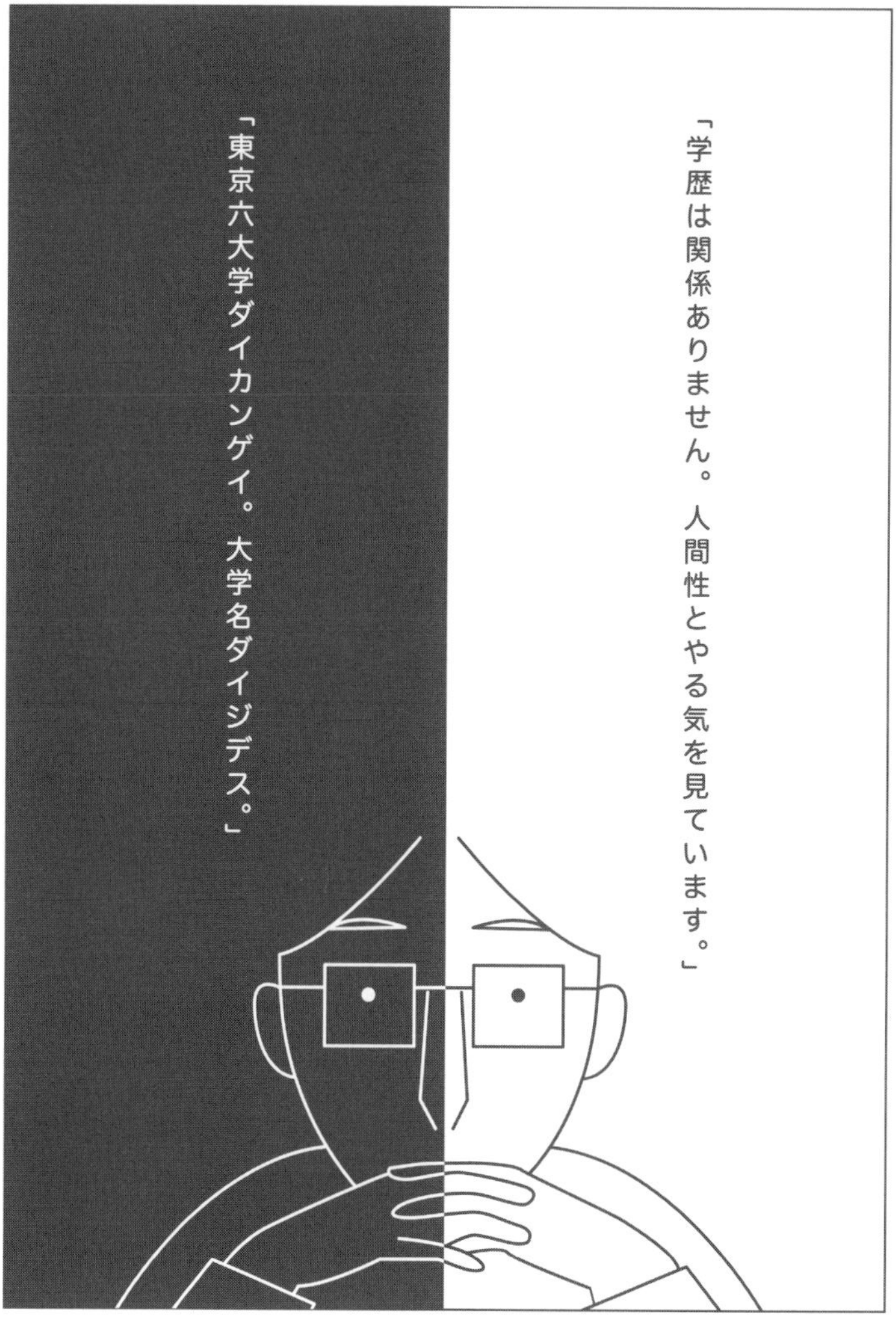
「学歴は関係ありません。人間性とやる気を見ています。」
「東京六大学ダイカンゲイ。大学名ダイジデス。」

・達成力：自分で決めた事をしっかりと分析、行動し、達成する事ができる
・見た目：初対面の人から見た第一印象が良く好感が持てる
・コミュニケーション力：人に興味を持って話を聞く事ができ、初対面の人や同じチームのメンバーと良好な人間関係を築く事が出来る
・理念共感：会社の理念に共感して、同じ目標を目指し、努力を惜しまず行動する事ができる
・主体性：自ら意見を出し、指示されていない事でも積極的に取り組み行動する事ができる
・発想力：問題や目標に対して様々なアイディアを考えて言葉や文章に具体的に表現する事ができる
・ストレス耐性：嫌なことや不条理な事があった時にストレス解消方法を持ち、自分の中に溜め込まず、発散する事ができる
・行動力：目的のため積極的にやる事を決め、一つずつ行動に移す事ができる
・積極性：何か決め事があった場合などに率先して発言や行動をする事ができる
・協調力：周りの人とコミュニケーションを取り、共通の目標に向かってお互いに助

面接評価シート（例）

名前、年齢、性別など個人情報

他社併願状況：

確認出来た事実：

持病などの有無：

志望動機：

評価項目	点数	メモ
素直さ		
達成意欲		
明るさ		
主体性		
共感力		
継続力		
身だしなみ		
対話力		

け合い、解決に導く事ができる

・理解力：指示された事やアドバイスされた事を正確に把握し、自分の中に落とし込む事ができる

では、前述の様な評価基準に対応した答えを用意しておけば良いのでしょうか？本質的には、そうではありません。評価基準を満たす為に普段の生活や言動、行動を変えていかなければ、面接の時にボロが出てしまうのです。

今、自分が働いている所でも、部活でもサークルでも構いません。職場の先輩や上司、部活サークルの先輩や先生から評価基準を見せて点数を客観的につけて貰ってください。ほぼ、そのまま面接での評価に繋がります。

◆小規模企業ほどインスピレーション採用

よく中小企業と言いますが一般的には３００人以下の企業や資本金1億円以下の企業の事を言います。

しかし、就職先を選ぶ側からすると1人の企業か、10人の企業か50人の企業か100人の企業かによっても大きく異なってきます。さらに、成長している企業か、現状維持の企業かによっても変わってきます。

一概には言えませんが、少人数の企業ほど、インスピレーションで選ぶ傾向にあります。これは大企業の採用と異なる点です。

インスピレーションで選ぶと言うのはどういう事でしょうか？　簡単に言うと第一印象で選ぶ事です。人が少ない企業ほど、会った時の第一声で決まっているかもしれません。

特に人事担当者が採用をしていない場合、直接社長が採用をしている、事業担当者が採用をしている、といった場合は、「この人と働いて行けるか？」と言う目線で面接や採用活動をしている事が多いです。

「第一印象で選ばれていたらどうしようもないじゃないか？」と思うかもしれません。

そんなことはありません…とも一概には言えません。正直、どうしようもない場合もあります。ただし、少人数の企業であれば、頑張れば事前に誰かの紹介で社長に出会う事も可能です。この時、「誰の紹介か？」がとても大切になってきます。その社長からの評価が低い人からの紹介であれば自分の評価も低くなってしまいます。

会えるかもしれないからと言って、誰から紹介してもらっても良いという訳ではないと言うところも難しいところです。

紹介元の人に紹介してもらえる企業の社長との関係性を聞いてみると良いかもしれません。

紹介以外に第一印象を上げる方法としては、最初にお伝えした、外見に気をつける事、相手の話をよく聞いて、質問に対してしっかりと解答する事が大切です。

◆留学よりアルバイト？

最近の学生の子達に話を聞くと、とりあえずブランド作りの為に留学に行っているような声をよく聞きます。また、自分の視野を広げたいからと言う声もよく聞きます。

留学に意味がないと言うわけではないのですが、目的が曖昧な行動は、就職、転職時には逆効果になります。乱暴な言い方をすると、視野を広げる為の留学よりも車を買う為に目標を決めてアルバイトをした事の方が評価をされるケースもあります。

つまり、留学に行く事、アルバイトをする事、が大切なのではなく、「何の為に、その行動をしたのか？」「また、その行動によりどんな成長ができたか？」「どんな結果が残せたか？」が問われるのです。もちろん、行動した結果、何を得たかも重要です。


一例をあげるのであれば、弊社でインターンをしていた大学生の子がマーシャル諸島へボランティア留学をしました。そこでマーシャル諸島の子供達の為に学校を作ると言う目的でクラウドファンディングに挑戦し、２００万円以上のお金を集め、実際に学校を作ると言う行動に移す事ができました。

そこまでの過程、マーシャル諸島に行く前の日本での人間関係の構築、クラウドファンディングに挑戦する中での試行錯誤、マーシャル諸島に学校を作りたいと言う思いを形にする力などは実際話せる事ですし、やってきた事なので、何を聞かれても対応できます。

せっかくなので、ちょっと面接風にインタビューをしてみました。

●マーシャル諸島にボランティア留学した理由（キッカケと思い）

きっかけは知り合いからの紹介でした。

もともと、大学1年時にフィリピンに行き途上国に興味を持っていました。なので聞いたこともない、周りで行った人もいない、マーシャル諸島共和国にかなり興味が湧きました。

ボランティアができ、さらに学校建設に携われるかもしれないとのことだったので、自分がビジネスコンテストで学んだ知識を活かせると思い、さらに興味が湧き、マーシャル諸島への留学を決めました。

●実際にマーシャルに行ってクラウドファンディングを頑張った理由

初めからクラウドファンディングをやろうと思っていたわけではありませんでした。

最初は、NGOが昨年建てた図書館でのボランティア活動でした。私は教育に興味があるわけでもなかったので、初めはなかなかやる気がでませんでした。そんな姿勢で、初めて子どもたちに読み聞かせをしたら大失敗。ここで私の負けず嫌いがはたらき、真剣に取り組むようになりました。真剣にやればやるほど、子どもたちの喜ぶ姿や笑顔を見ることができ、本気でこの子たちのためになることをしたい、と思うようになりました。この思いが、クラウドファンディングを最後まで頑張る力の源となりました。

●マーシャル諸島に留学する前に日本で人脈を構築する中で気をつけた事

どんな方にも、自ら積極的に名刺交換をすること。緊張して、初めはなかなかできませんでしたが、それではせっかくの機会なのにもったいないと思うようになり、そこから積極的になりました。

また、お会いした後には必ずお礼の連絡をすること。それは、学生なんかの私と名刺交換していただいたことへの感謝を伝える必要があると思ったので、必ず連絡するようにしていました。

●クラウドファンディングをやっている中で大変だった事

直接お会いして、支援のお願いをすることができなかったので相手の反応がどんな反応なのかわからないこと。支援を断られることも多々ありましたが、相手がどんな表情で言っているのかわからなかったので、メンタル的にかなり辛い時もありました。

●身についた事、感じた事

いかに、人にお金を出してもらう事が難しいことか
お金を集めることがどれだけ難しいことか
というのを実感しました。
そのなかで、どんなことも乗り越える力が身につきました。
自分の本気が伝わりきらず、断られ達成できるか不安になり、毎日胃痛と戦う日々もありましたが（笑）
それでも自分が何のためにこのクラウドファンディングをしているのかを、何度も自分の中で確かめ、マーシャルの子どもたちのため、周りで応援してくれている人のためを思い、乗り越えることができました。

●全体を通した気づき

実際に支援してくださった方々のほとんどは今まで自分が真摯に向き合い、関わってきた方々ばかりでした。

これからどれだけ多くの人に真摯に向き合っていけるかがとても大切だと気づき、挑戦していこうと決意しました。

いかがでしょうか？　この本を読んでいる方が人事担当者だったとしたら、この様な学生は欲しいですか？　それとも欲しくないですか？

実際に面接をした時に響く部分はどこなのか？　見てみましょう。

・初めて子どもたちに読み聞かせをしたら大失敗
・お会いした後には必ずお礼の連絡をすること
・メンタル的にかなり辛い時もありました
・人にお金を出してもらう事がいかに難しいことか
・実際に支援してくださった方々のほとんどは今まで自分が真摯に向き合い、関わってきた方々ばかりでした。

このあたりが、面接で反応されるところです。

もちろん、面接官次第で質問されるところは変わりますが、実際に起こった事から、苦労した事とその乗り越え方。実際に行動した事から、何故それを行ったのか？　その結果得たものは、ビジネスにおいて役に立つ経験（お金をもらうことの難しさ）と実際どんな行動を行ったのか？　などを面接官は聞きたいのです。

留学だろうが、アルバイトだろうが自分が何か成果を出したり成し遂げたりした事があれば、しっかりと面接では評価されるでしょう。

ちなみに記載した大学生の子は第一志望にも合格し、その他別業界の内定もしっかりと出て順調に就職活動を終えています。

◆人事担当者で会社を選ぶな！

就職が決まった人達に話を聞いてみると、人事担当者の人が良い人だったので、その会社にしました、という声をよく聞きます。

面接してくれた人や説明してくれた人が良い人だったら、その会社に行きたくなるのも当然かもしれません。

しかし、会社に入社した後は、どの部署に配属されるかも、誰と仕事を一緒にするかも分かりません。特に売り手市場といわれている時、企業は何とかして良い人材を

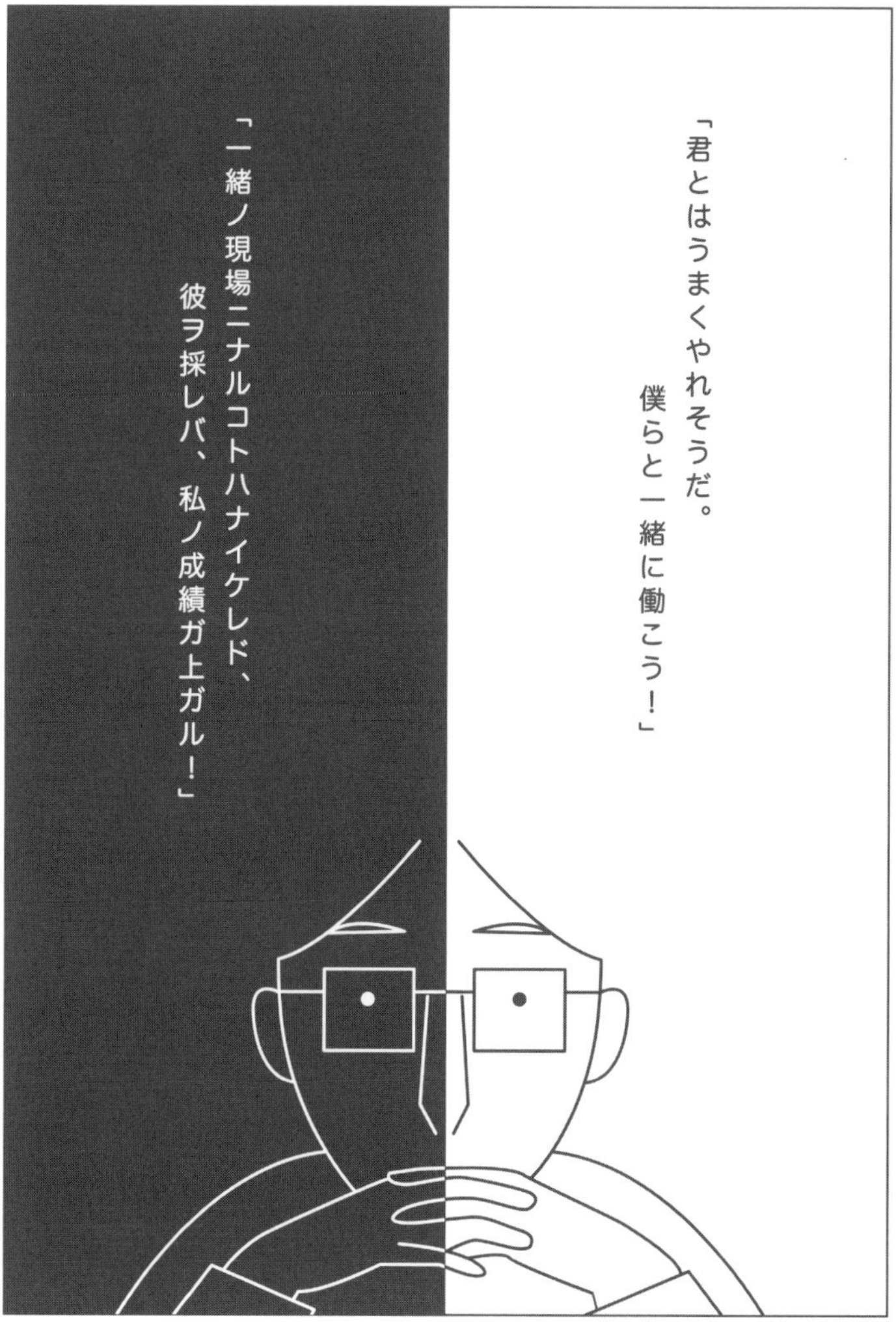
「君とはうまくやれそうだ。
僕らと一緒に働こう！」
「一緒ノ現場ニナルコトハナイケレド、
彼ヲ採レバ、私ノ成績ガ上ガル！」

獲得したいと思っているものです。

その為、採用担当者には人柄が良い人、人に好かれる人が担当している事が多いです。人柄が良い人が面接を担当して、「この人と一緒に仕事をしたい」と思って入社したとしても大きい会社であればあるほど、その担当者の方とは仕事ができない事がほとんどです。

むしろ、人事担当者で会社を選んだ場合、「思っていたのと違う」と思うことが多いと思います。


では、どんな基準で会社を選べば良いのでしょうか？

最近では配属される可能性のある部署の人材と交流を持てる機会を用意している企業も多くあります。できる限り一緒に働く可能性のある人と、なるべく多くの関わりを持つことをおすすめします。


学生で多いのはOB訪問でしょう。OB訪問にもメリット、デメリットがあります。

大学や会社を通して間接的に会うOB訪問は直接の知り合いではない為、OB側に会社から【良いイメージを持たせるように】とのミッションが課せられている場合があります。その為、ＯＢだと目的の会社の人に会いやすいですが、本当の所を話してくれない可能性もあります。

これは実際に会う人によるため、ざっくばらんに話してくれる人もいるでしょう。そう言う先輩に当たれたらラッキーだと思ってください。

少し難しい方法になるかもしれませんが、先述したように親や直接知っている先輩、友人に紹介してもらう方法もあります。

この場合、プライベートに近い感覚で会えるので、実際の状況を聞けることの方が多いです。普段から、人付き合いの幅を増やしておくことは就職活動、転職活動において、とても重要です。

◆大手の面接官は運もある

大手の会社に限った事ではありませんが、面接担当者が違う事はよくある事です。

一人ですべての候補者の選考を行う事はできません。その為、会社によっては1次面接を面接代行会社などに頼んでいる会社も多いのです。

その為、自分と相性の悪い面接官に当たってしまう事もあります。運が悪いと、実はその会社に合っている人材なのに面接代行会社の担当者と合わなかったから、選考に通らなかったと言う事もなきにしもあらず。

逆に面接担当者とはウマが合わなかったけれど、人材担当のトップの人が面接に同席していて、その人の目にとまって合格するということも可能性としては薄いですが、あります。

ではどの様に対処すれば良いのでしょうか?

一つは、誰が面接官でも面接に通るであろう対応をする（人に合わせた対応をできる様にする)。

もう一つは運に身をまかせる。

面接官次第と言いましたが、前述の通り、一通りの評価基準は決まっています。その評価基準の中で誰と話しても合格基準にあれば、たとえ面接官との相性が悪くても合格するものです。つまり、有無を言わせない実力を身につける事が第一優先です。

そうは言っても、運はあります。もちろん、会社に入った後の配属先の上司や、仕事の内容も運によってくるもので、最たるものが、採用面接の面接担当者なのかもしれません。


大手企業になればなるほど、入社、昇進、配属先の決定などで大きく運が作用されます。それでも自分は運を持っているという場合は、大手志望の場合、そのまま受けて良いと思います。

あまり、人事運に左右されて仕事をしたくない場合は組織が比較的小さいベンチャーを視野に入れてみるのも良いかもしれません。

後述しますが、自分が入る会社を見つけるための一要素として考えてみて下さい。

3 エントリー事情の本音と実態

◆エントリーという言葉の罠

新卒で就職活動をしている人たちからよく聞く言葉「エントリー」。就職活動を成功させるには、とにかく多くエントリーをしないといけない、という固定観念に縛られている人がとても多いな、と感じています。そもそもエントリーとはいつから始まったのでしょうか？　新卒一括採用は明治時代から始まったそうですが、エントリーシートという制度はバブル期以降に始まった制度です。しかもエントリーとは新卒一括採用の時期のみで、転職の時にエントリーシートを書く事などほとんどありません。

今ではリクナビやマイナビなど大手求人情報サイトからエントリーをする人がほとんどです。が、最近は募集方法も多様化していて、一部の採用業界では「もう古い」とさえ言われ始めています。それでも多くの就活生、多くの企業は前述した媒体を使っているケースが多いです。

この様な求人媒体は企業からお金を貰って高い金額ほど上位表示されるシステム、

高い金額ほど写真が載せられるシステムを採用しています。
つまり、大手求人情報サイトのＴＯＰページに載っている企業や、最初の方に出てくる企業は求人に費用を使っている会社で、逆に大手求人情報サイトで調べられない会社も多く存在するのです。

求人サイトの上の方にあるからと言って、良い会社かどうかと言う判別はできない事を覚えておいてください。業績が悪くても社内の環境が悪くてもお金を払えば上位表示されます。別の視点から考えると、評判が良くて口コミで社員が集まる会社はわざわざ求人にお金をかける必要がない為、場合によっては求人サイトに載せていないケースもあります。

他の人が受けているから、ネットで調べて、大学のキャリアセンターで聞いて、など、目につく情報から「エントリー」先を探すと多くの就職者と競合し、自分に合った会社を探せなかったり入社できなかったりするかもしれません。
つまりエントリーという言葉に縛られてエントリーシートを書く事に終始していると、もしかしたら本当は、自分に合う企業を見逃してしまうかもしれません。

求人にお金をかけている会社には大きく3通りの会社があります。

・人がよく辞めるけど、人さえいれば利益が出せるから求人にお金をかける会社
・その年の予算があるから、予算に合わせてお金を使う会社
・人材が会社にとって一番大切なので、お金をかける会社

この3パターンの会社を見分けるのは、簡単なようで実は非常に困難です。参考程度に考えて頂くとすると、「離職率」「求人情報の書き方」「現状の社員の声」を調べてみると良いかもしれません。

「人がよく辞めるけど、人さえいれば利益が出せるから求人にお金をかける会社」の特徴としては、離職率が高め（特に1年目）、求人情報がテンプレート（他の会社と似ている）社員からの不満が多いが、稼いでいる人からは不満が出ない、中途社員が多い、などの傾向があります。

「その年の予算があるから、予算に合わせてお金を使う会社」の特徴としては、離

求人にお金をかけている企業（会社の傾向）

1　離職率は高いが人がいれば利益が上がる企業

・入社する社員の事よりも売り上げ優先の傾向が強い
・稼いでいる人がえらい傾向にある
・ES（従業員満足度）が低い
・求人に出て来やすい（探しやすい）
・休みが少ない企業が多い
・入社年次の浅い社員の離職率が高い

2　予算に合わせて求人をかける企業

・福利厚生などが整っていて待遇が良い
・やりがいを感じている社員が少ない
・長く働いていたい人が多い
・従業員数が多い（少なくとも 100 名以上）
・細かいところに目が行き届いていない
・人事担当者の人数が少ない、外注に頼んでいる

3　人が大切なのでお金をかける企業

・給与が上がりやすい
・福利厚生が充実している
・やりがいを感じている社員が多い
・人事担当者が会社のエースクラス
・毎年新しい事にチャレンジしている
・教育体制が整っている

※全ての企業が当てはまるわけではありません。あくまでも参考として使用して下さい。

職率が普通～少し高め（特に中堅社員）で求人情報は会社により様々ですが、待遇が良い。現状の社員の声は満足している人は多いが、やりがいを感じている人は少ない、という傾向が見られます。

「人材が会社にとって一番大切なので、お金をかける会社」の特徴としては、離職率が低め、で求人情報には工夫が凝らしてあったり（面白いことを書いていたり、変わったことを書いてあったりする）、福利厚生が手厚かったり、するのも特長です。

例えば、妊活費用の負担、卵子凍結費用の負担を実施している会社もあれば、サプライズ休暇やサッカー休暇などユニークな休暇制度を取り入れている会社、野菜の支給や禁煙に対する評価など健康に則した制度を導入している会社もあります。

現状の社員の声に関しては、やりがいを感じている社員が多いのが特長ですが、淡々と仕事をしていたい人にとっては、テンションについていけないと言う場合が稀にですが、あります。

求人にお金をかけていない企業（会社の傾向）

1　求人にかける費用がない　人材にお金をかけたくない

・そもそも人事部がない。採用担当者がいない
・採用に関しての知見がない
・求人が見つからない
・利益があまり出ていない
・人材の育成が苦手
・残業時間が多い

2　効果が出るか不明なので求人にお金をかけたくない

・上記同様、そもそも人事部がない。採用担当者がいない
・上記同様、採用に対しての知見がない
・採用に対して責任を追う人がいない為、対応がなおざり
・求人が見つからない
・ハローワークには出している
・たどり着ければ内定確率は高い

3　求人にお金をかけなくても口コミで採用出来ている

・求人が見つからない
・社内体制は恵まれている（場合もある）
・待遇は良い
・人間関係が良好
・自分の交友関係が広くなければ声がかからない（口コミが届かない）
・事業内容が面白い

※全ての企業が当てはまるわけではありません。あくまでも参考として使用して下さい。

逆に求人にお金をかけていない会社にも大きく三通りあります。

・求人にかけられるお金がない。人材にそんなにお金をかけたくない。

・求人にお金をかけて人が来るかどうか不安なので、あまり費用をかけたくない。

・求人にお金をかけなくても口コミなどで採用できている。

求人にお金をかけていないパターンに関してはあまり、言うこともないかもしれませんが、一応、整理してみましょう。

まず、求人広告にあまり力を入れていないため、就職・転職希望者が求人情報を見つける事に苦労します。その分、この様な会社に辿り着ければ、エントリーや選考と言った、一般的な就職活動のフローがほとんど無いため、採用までの道のりは前述のお金をかけている企業よりは、よほど早くたどり着けます。

自分がどんな働き方をしたいのか？　どんな条件で働きたいのか？　をしっかりと考えて働くべき企業を探してみてください。中にはエントリーを受け付けていない優良企業も沢山あります。自分がこの先、何年、何十年と働く会社です。ここでの労力や行動を惜しんで、周りと同じ行動しかしないのはとても勿体無いことです。

「エントリー」と言う言葉に惑わされず、自分の入りたい会社を探す努力をしましょう。

◆大企業・中小企業という言葉の罠（大きくわけすぎ）

就職活動や、転職活動をしている人からよく聞く言葉の一つとして「大企業」と「中小企業」と言う言葉があります。

では大企業とはどんな企業なのでしょうか？　中小企業とはどんな企業なのでしょうか？

まずは、大企業を考えてみましょう。あなたにとって大企業とはどんな企業でしょうか？　資本金の金額、売上高、従業員数、上場しているか？　非上場か？　などなど、様々な判断基準があります。

資本金1億円、従業員数100人、売上げ10億円の企業は大企業でしょうか？それとも聞いたことある有名な会社が大企業でしょうか？

では中小企業を考えてみましょう。従業員数10名、資本金100万円、売り上げ100億円の企業だといかがでしょうか？　前述の100人、資本金1億円よりも大分小さく感じるかもしれませんが、売り上げは10倍です。

このように大企業と中小企業に分けて就職や転職活動をすると、大雑把すぎて、自分が選ぶべき企業を選びきることができません。

従業員数が1人の企業が良いのか？　5人、10人、30人、50人、100人、1000人、10000人の企業が良いのか？

全国で展開している会社なのか？　関東や、九州、四国などエリア展開している企業なのか？地方だけ、首都圏だけで展開している企業なのか？

今後、拡大方針の企業なのか？　縮小方針の企業なのか？従業員の平均年齢は何歳なのか？　経営層は充実しているのか？　不足しているのか？

様々な条件を考える事ができます。例えば、自分が将来経営層に食い込みたい場合は、拡大を計画している企業でない場合、上が詰まって昇進出来ない。なんてことにもなりかねません（実際よくある話です）。

逆に平均年齢が高い会社の場合、10年後位に定年退職者が多く出て、経営層不足になり、若手が昇進し易い環境になるかもしれません。

自分が目指したい所と会社のバランスをよく見て、中小企業とか大企業とかいう言葉に惑わされず、例えば「残業が無くて、給料が25万円ある企業を探す」というようにしっかり見定めて企業を選ぶようにしましょう。

◆直接電話をして採用して下さい

前述した求人サイトにお金をかけていない企業に関しては直接電話をかければ採用してもらえるかもしれません。

自社サイトにリクルートページがない企業でも採用活動をしている可能性はあります。まずは、自分がどんな企業に入りたいのかをしっかりと把握する必要があります。

もちろん、道端で見かけた企業でどうしても働きたくて調べて働くのもありです。普通じゃないと思われるような行動でも、理由と熱意があれば迎え入れられることが多いものです。

ここでお伝えしたいことは、採用して欲しい企業にいきなり電話しましょう、ということではなく、どうしても入りたい企業がある場合、色々な方法を考えてみましょう、と言うことです。ネットを調べて求人がないから諦める、ですと、その企業にどうしても入社したいという熱意は全く伝わりません。実際に足を運んだり、自分の周りの人脈を駆使して、その企業の人に会ってみたり、色々な方法が考えられるのです。

実際に私の知り合いでも、ツテで仕事を見つけている人は沢山いますし、どうしても入りたい企業がある場合は、直接電話したり、1年だけでは諦めなかったりと、とても多くの方法を考えて実行して就職している人も多く実在します。

一例で言うと、大手のＷｅｂでの応募では全て落ちてしまったのですが、自分が興味のある業界を絞り込みリストアップ。「ＨＰを拝見して興味が出たので一度お会いしたい」と言う旨の手紙を４社へ送り、２社返信があり、１社インターン、１社内定と言う結果が出て、現在はデザイナーとして独立している人もいます。

一辺倒な就職活動をするのではなく、入りたい会社や業種の企業へのアプローチ方法を考えてみる事も時には大切になってきます。

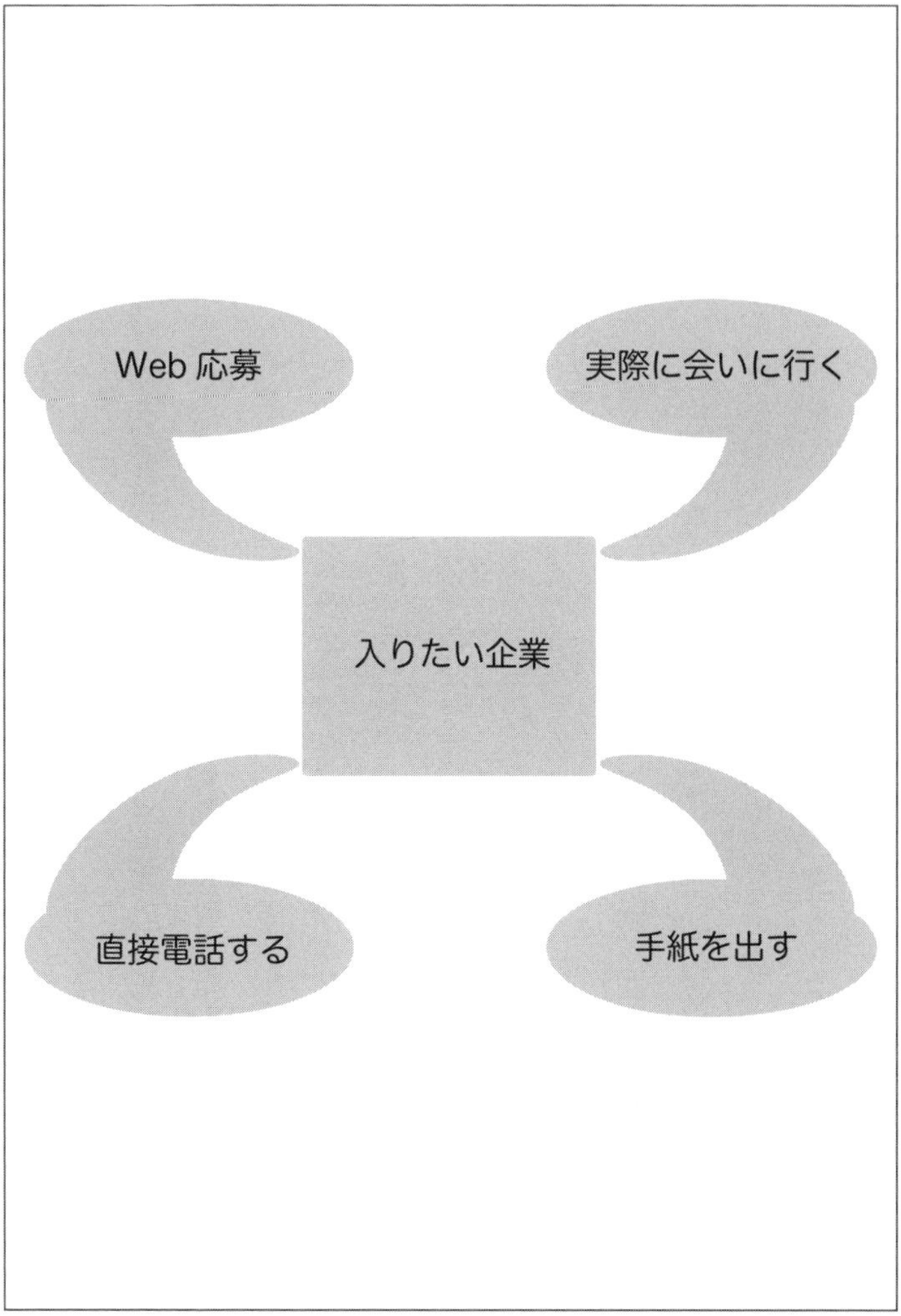
Web 応募
実際に会いに行く
入りたい企業
直接電話する
手紙を出す

◆以外とお金がかかっている企業の採用活動

あまり、意識してない人も多いかもしれませんが、企業の採用活動には以外とお金がかかっています。求人の方法には求人サイトに募集を乗せるほか、自社サイトでの募集、ハローワークへの掲載、新聞や雑誌などへの掲載、友人の紹介、派遣会社や人材紹介会社への登録・活用、ヘッドハンティングといった様々な方法があります。

企業の採用活動を知ることで、就職・転職者の行動も変わってきます。せっかくなので、一つずつ切り分けてみてみましょう。

1・検索サイト・求人検索サイト

特徴が似ているので一纏めにしましたが、最近の転職業界では検索サイトや求人検索サイトから自社サイトや求人サイトに誘導するための広告掲載が多くなっています。Yahoo や Google はもちろん、indeed や求人ボックスと言った「求人専門検索サイト」に力を入れている企業も増えています。最後に求人検索をする人の導線をまとめていますので、参考までに見てみてください。

自分の中でどんな企業に入りたいか？　と言う条件が纏まって入れば、検索サイトで探して直接企業へ応募出来ることが一番ミスマッチが少ないと言えます。

メリット

・条件が決まっていれば、企業を直接見つけられる
・自由度が高い
・クチコミなども探しやすい

デメリット

・選択肢が多過ぎるため、調べ方が定まっていないと決まらない
・自社で採用ページがない場合、応募先を探す事が大変な場合がある
・小規模な企業・ＨＰのない企業を見つけられない時がある

2・求人サイト

求人サイトにも、業種を絞らず、いろいろな企業が掲載している「リクナビ」「マ

イナビ」などのサイトから転職者のみのサイト「リクナビネクスト」「エン転職」「イーキャリア」などの転職専門サイト、その他、業種で絞ったサイトや職種で絞ったサイトなど様々なサイトがあります。弊社が調べただけでも1000以上の就職、転職サイトが乱立している状況です。

さて、この就職、転職サイトですが、企業が掲載する場合小さいものは1万円〜、大きいものは1000万円以上かかるサイトもあります。この金額は、どのくらいの応募数が欲しいのか？ 露出をどの位高くしたいのか？ また、企業から来るスカウトメールがあると思いますが、そのメールが何通遅れるのか？ などで料金体系が変わってくるのです。

裏を返せば、皆さんが企業の条件を絞って企業を探しているのと同じように企業も皆さんの登録した情報から選別してスカウトメールを送っているということです。

メリット

・数多くの求人に応募できる
・探し方が無数にある

・就職、転職に関しての知識があれば入りたい企業を探せる

デメリット

・選考作業が長くなる事がある（応募が多い為）
・探し方が偏る事がある
・新しい選択肢を考え辛い

3・ハローワークへの掲載

現状、大きめの企業でハローワークにのみ掲載しているという企業は少ないです。が、前述した採用にお金をあまり使わない企業に関しては、ハローワークにしか求人を出していないというケースもあります。

さらに、人材系の会社から営業がかかってくるのが嫌なため、会社名すら載せてないケースもある程です。そして、求人サイトと併せてハローワークにも求人を出している会社の中でもよく耳にするのが「ハローワークから来た人材が良くなかった」と言う事です。「インターネットを使わずに仕事を探している人が来る＝ネットが苦手

な人が来る」という先入観などが入っているのかもしれません。

裏を返すと、ハローワークから良い人材が来た場合、即採用になってもおかしくはないのです。自分が求めている企業があるかどうかはわかりませんが、ハローワークの求人はインターネットから閲覧できるため、時間を作って見ておくことをお勧めします。

メリット

・窓口の人に相談できる
・最低限、労務環境が整っている会社が多い
・企業によっては応募が少ない企業もある

デメリット

・窓口担当者に当たり外れがある
・求人内容が偏っている

4・新聞や雑誌などの紙媒体への掲載

駅に置いてあるフリーペーパーや、新聞などの紙媒体にも多くの仕事が掲載されています。今はWebと同時掲載になっている場合が多いですが、紙媒体のみに出している企業もあるのが実情です。

企業にとっての紙媒体のメリットは、普段目にしないであろう人へのアプローチが出来ること、一度に多くの人に目にして貰えることです。

一方、就職者・転職者の方の紙媒体のメリットは、ランダムに仕事の内容を見れることです。自分が意識してなかった仕事で面白いと思える者が見つかるかもしれません。バリバリのIT企業が紙媒体に掲載していることは少ないですが、面白い企業が載っているかもしれません。

新聞を取っている人はぜひ、求人広告欄を常に見るようにしてみて下さい。

メリット

・若手で応募している人が少ない為、20代、30代が応募した場合採用されやすい事がある

・あまり他では出ていない求人がある

デメリット

・求人に慣れてない古い会社の場合がある

・若手社員が少なく社内に同年代の人が少ない場合がある

5・友人の紹介

一般的にリファーラルリクルーティングと言われている手法です。自分の働いている会社で一緒に働かないか？　と誘ったり、知り合いの社長が、人の採用をしたりしているから、一回会ってみないか？　など紹介から採用をする、という方法で、悪質な人に当たらない限りは良い就職ができる確率が高いです。

悪質な人というのは、紹介を下心でしている場合です。「お金がもらえるから」「自分の評価が上がるから」といった、紹介者個人の利益が優先される紹介ですと、場合によっては、すごくきつい会社だったり、人が足りてない会社だったりに就職することになるかもしれません。

それでも紹介元の人を責めることはできないので、見極める目を持ちましょう。

まずは、その会社の事をしっかり知っているかヒアリングし、自分にどう合っているのかプレゼンしてもらいましょう。その中で「うちの会社、儲かるよ」とお金の話だけしてくる場合などは注意が必要です。

あなたの話を聞いて●●さんならここが合うから、うちの会社に来てみない？　と言ってくれる人がいたら、一度話を聞きに行ってみるのも良いかもしれません。

あくまでも、最終的な判断は自分自身なので、何回も通うなど、労力を使うことをお勧めします。

メリット

・関係地にもよりますが、入社できる確率が非常に高い
・間に人を挟んでいる為、労働環境が酷すぎるというケースが少ない

デメリット

・自分に合わないと思った場合、通常より断り辛い

・他の会社を見るという選択肢をなくしてしまう場合がある

6・派遣会社

昨今、派遣切りと言った言葉が流行っていて、不安定な労働契約と思っている方が多いかもしれませんが、紹介予定派遣（正社員になるための派遣社員）などもあり、場合によっては使いやすい雇用形態とも言えます。新卒で、派遣契約というのはあまり無いため、転職者によく使われる雇用形態とも言えます。

メリット

・間に会社が入っている為、要望が出しやすい

・管理体制がしっかりしている

デメリット

・直接雇用よりも余分な費用（派遣会社に払うマージン等）がかかっている為、会社からの期待値が自分のもらっている給与より、高い事がある
・契約期間が決まっている為、長期間働けない場合がある

7・人材紹介

企業に人材を紹介して採用が確定したら報酬を支払うという方式です。30万円～高ければ1000万円という場合もありえます。

よく言えば、人材にお金をかけられる企業ですが、人材紹介会社によって契約している会社が違います。そのため、人材紹介会社を使用して就職、転職活動をすると、おのずとその紹介会社が契約している先のみが転職候補となってしまいます。

メリット

・給与が高くなる場合がある

・最初のプレゼンを人材紹介会社にしてもらえる
・会社によっては入社しやすい

デメリット
・紹介してもらえる会社が限られている
・紹介会社や担当者に応じて当たり外れがある
・場合によって自分に合わないのに紹介料が高い会社に紹介されてしまう事もある

8・ヘッドハンティング

このヘッドハンティングに関しては日本ではあまり一般的ではありませんが、自社内にヘッドハンターがいる場合とヘッドハンティング会社がある場合があります。ヘッドハンティングに関しては企業内で優秀な実績、功績を残している人に声がかかることがほとんどです。色々な人から情報を集め、評判次第で声がかかる場合がありますが、自分からヘッドハンティングして下さいと言うことはできないため、就職、転職活動としてヘッドハンティングを狙うのは難しいです。

また、ヘッドハンティングと言う言い方でヘッドハンティングではないケースもありますので、もしヘッドハンティングのオファーが来た場合はしっかりと見極める事も大切です。

ちゃんとしたヘッドハンティングかどうか判断するには、給料が上がるかどうか？今までやってきた仕事と同じ仕事かどうか？（違う職種でのヘッドハンティングの場合、通常のリクルート活動となんら変わらないケースもあります。）で判断するとわかりやすいかもしれません。

メリット

・給与が上がる（事が多い）
・実力や成果を評価される会社の場合が多い

デメリット

・結果が出せなかった場合、会社に残り辛い
・今より忙しくなる場合もある

◆本当は決まりがあるわけではない

「エントリー」のところでも書きましたが、リクナビやマイナビで就職活動をしなければいけないというルールはありません。また、転職サイトに載っている求人に新卒が応募しても問題ありません。実感をしている人は多いと思いますが、就職活動のルールや方法は年々変わっていきます。学生や転職者に課されているルールではないので、ルールに縛られずに、自分に合った企業を選べるツールを見つけましょう。

◆多くの選択肢を持つことが大切

前述したように、応募方法一つとっても色々な選択肢があります。応募方法だけでなく、企業の選び方も多くの選択肢を持つことが大切です。

自分はこの業界に行きたいのだと言う考えで一つの業界しか選ばないケースもあれば、名の知られた大手企業に入りたいと言う理由で、大手しか選ばないケースも散見されます。

企業の採用手法　メリットデメリット（一例）

求人検索サイト

メリット：自由度が高い
デメリット：求人が多すぎる

求人サイト

メリット：選択肢が多い
デメリット：探し方が偏る

ハローワーク

メリット：窓口での相談
デメリット：求人が偏る

紙媒体

メリット：レアな求人がある
デメリット：若手が少ない

友人の紹介

メリット：入社しやすい
デメリット：辞めづらい

派遣会社

メリット：交渉しやすい
デメリット：長期間働けない

人材紹介会社

メリット：紹介してもらえる
デメリット：求人が偏る

ヘッドハンティング

メリット：給料が上がる
デメリット：忙しくなる

では、そうやって企業を選んだ人が全員楽しく仕事をできているのか？　といえば、そういうわけでもありません。

もちろん、楽しく仕事をしたいわけではないと言う場合はそれでも良いのですが、意外とよく聞くのは、「ベンチャーにも興味はあるけど、親が安心する為に名前の知られた会社に入りたい」など、自分の意思ではないケースも散見されます。

当然ながら、自分がどんな会社に行きたいか、しっかりと考えることの出来る人が、志望する会社に採用される確率は高くなります。

周囲の人と同じ基準で会社を選ぶのではなく、独自の視点で選ぶようにしましょう。

・給与は最低限どのくらいあれば良いのか？
こんな家に住みたいから最低25万円は欲しい。車を買いたい。など
・どんな人たちと働きたいのか？
話をしていて面白い人と働きたい。丁寧に仕事を教えてくれる人と働きたい。など
・どんな事を学びたいのか？
エクセル、ワードなど基本的なことを学びたい。専門知識を学びたい。など

就職・転職者の導線

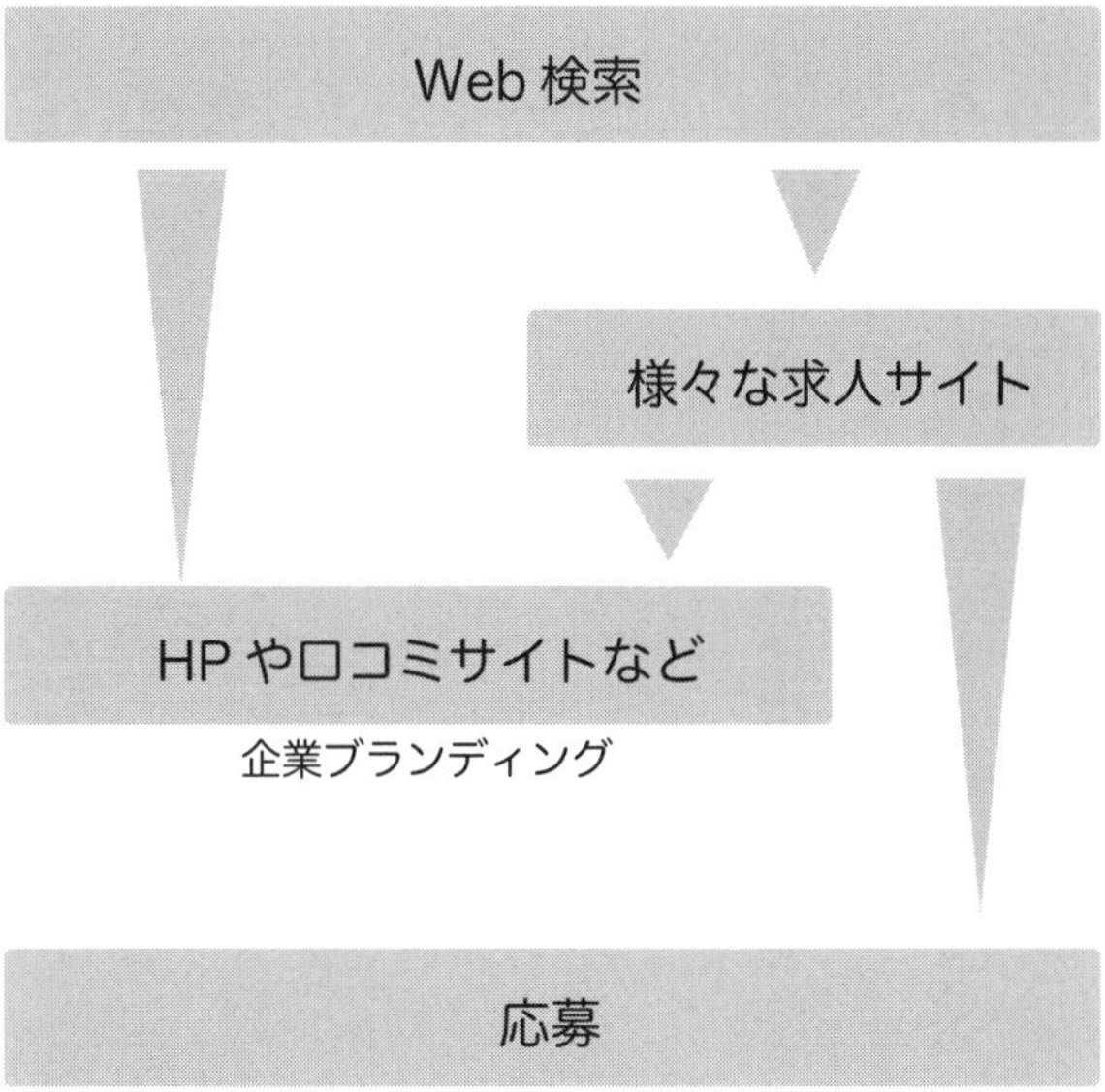

求人サイトは無数にあります。色々な探し方を試してみて下さい。
入りたい企業があれば直接応募するのもアリ！

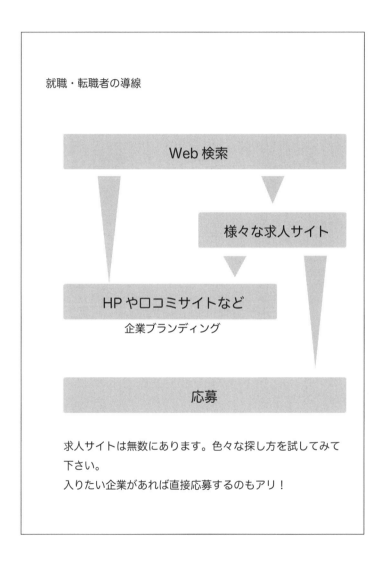

・自分の好きな時間で働けるか？
18時以降は趣味の時間で使いたいので、残業がない方が良い。休みが比較的自由に取れる仕事が良い。など
・将来独立するときに役立つような、業界全体が見える仕事が出来るか？
業界の最先端の仕事ができる。エンドユーザーと直接やりとりが出来る。など
・仕事が面白そうか？
人と接する仕事ができる。一日中パソコンと向き合っていられる。など
・仕事を辞めた後ブランド力が付くか？
社長が有名。会社の名前自体が有名。など
・親が喜ぶか？
公務員や自分がやっていた仕事をして欲しい。自分が憧れていた仕事をして欲しい。など
・結婚相手が見つかるか？
異性が多い職場か？　職場結婚している人はいるか？　など
・休みやすいか？

仕事を選ぶ基準

- 給与は最低限いくらくらいあれば良いか？
- どんな人と働きたいか？
- どんな事を学びたいか？
- 自分の好きな時間で働けるか？
- 将来の独立の役に立つか？
- 仕事が面白そうか？
- 仕事を辞めた後、ブランド力がつくか？
- 親が喜ぶか？
- 結婚相手が見つかるか？
- 休みやすいか？

希望休や有給休暇が取りやすい。様々な福利厚生で休みがある。など
など様々な視点から考えてみましょう。

ちなみに私の場合は高校生から25歳で独立したいと思っていた為（実際の独立は26歳）、行動の基準が「独立に向けて」でした。私は大学2年生の頃、中途退学をしています。この時も「このまま大学にいて就職して働いた場合」と「大学を辞めて今すぐ働き始めた場合」の25歳までにもらえる給与と社会経験を天秤にかけて大学を辞め、ソフトバンク（旧ソフトバンクモバイル）に就職した時も、独立した時にブランド力が付くからと言う理由でした（もちろん面接でそんなことは言いませんでしたが、言い方によっては言ったほうが評価が上がる場合もあります）。

◆本当に仕事内容で選ぶことが大切か？

どんな仕事をしたいか？　自分がやりたいことは何か？　など働きがいを大切にし

ている人が最近多い様に感じます。

学校や転職活動の相談などで「どんな事がやりたいの?」と聞かれたり、色々な場所で好きな事を仕事にしようと言われていたりするので、自分がどんな事をやりたいのか?　と言う方向性で仕事を考える人が多いです。

その時、必ずと言って良いほど出てくる相談が、「自分が何をしたいか分りません」と言う相談です。

色々な方と話をして来ましたが、仕事を選ぶ時に大切なのは「どんな仕事をしたいか?」ではなく「どんな生き方がしたいか?」を先に考えた方が良いですよ、とアドバイスをしています。


多くの方は、自分のやりたい事や好きな事を考えて会社を選んでいますが、大きい会社になればなるほど、どの部署に配属されるか分かりません。

自分がどんな生き方をしたいか?　を先に考えれば、「残業しない会社が良い」、「給料はこのくらいが良い」、「仕事の内容はどこまでが許せる範囲か」など、考える幅も広がります。

その中で、「仕事を楽しみながら生活していたい」と言う内容が出てくるようであれば、自分が楽しめるであろうエッセンスを考えて会社を見つける事が大切です。例えば、どんな人と仕事がしたいのか？　どんな内容の仕事がしたいのか？　ブランドが大切か？　など色々な事が出てきますが、どんな仕事がしたいのか？　はその中の一つの要素でしかありません。

ぜひ「自分がどんな生活をして行きたいのか？」をイメージしながら会社を選んでみて下さい。

就職先を選ぶための質問を並べておきます。一度やってみて下さい。

「あなたは50歳の時にどんな生活をしていたいですか？」
「結婚はしていたいですか？」
「どんな家に住んでいたいですか？」
「どこで過ごしていたいですか？」

就職先を選ぶための回答

あなたは50歳の時にどんな生活をしていたいですか？

結婚はしていたいですか？

どんな家に住んでいたいですか？

どこで過ごしていたいですか？

どんなキャリアを積んでいたいですか？

どんな人達と関わっていたいですか？

どんな趣味を持っていたいですか？

「どんなキャリアを積んでいたいですか?」
「どんな人たちと関わっていたいですか?」
「どんな趣味を持っていたいですか?」

私自身、現状【合気道】と【子育て】を中心に仕事の時間を組むようにしています。自分の中での優先順位は自分自身で決めて進めるしかない事です。一度、右記のような質問に限らず、今後のライフスタイルを考えてみて下さい。

【CSR活動】

CSRとはcorporate social responsibilityの略で企業の社会的責任の事を言います。企業が行う社会貢献活動の事で、多くの企業は何かしらの社会貢献活動に取り組んでいる事も多いです。

私自身もユヌス・ソーシャルビジネスコンテストと言う社会課題解決のためのビジネスコンテストに運営メンバーとして参加させて頂いていますが、最近は社会課題にフォーカスして就職、転職活動している方も多く見受けられます。どこの企業が、どんなCSR活動をしているか調べるとともに、実際にその活動に力を入れているのかも調べてみて下さい。

企業ブランディングの為にとりあえずやっている会社もあれば、本気で社会貢献を考えている会社もあります。HPに書いてあるだけだと分からない事も多いので、実際に色々な人に話を聞いてみるのが一番分かりやすいかもしれません。

4　内定事情の本音と実態

◆企業は内定辞退に困っている

実は、いつの時代も企業は内定者の辞退に困っているのです。選考回数の多い企業ほど、毎年の採用目標数が決まっています。最大手で人気のある企業であればまだしも、10名前後の採用目標数の企業だと、内定辞退は重大事です。

内定辞退を見越して内定の数は採用目標数より多くしている企業もあります。あまりにも内定辞退が多い場合は追加募集をしなければならない場合もあります。

では、応募する側としては、どの様な対応をすれば良いのでしょうか？

・正直に言う（第一希望に落ちたらお願いしたい、など）
・第一希望です、と言っておく（第一希望ではない場合も含む）
・特に何もしない

正直に言うと、どの対策でも問題はありません。ですが、内定を貰った企業が小さい企業の場合は、正直に伝えておいたほうが良いかもしれません。

小さい企業ほど内定辞退のインパクトが大きい為、企業からのイメージが悪くなってしまいます。

それほど大きな可能性ではありませんが、何かのキッカケで自分の評判を、その企業の人に聞かれる可能性があります。

そんな事は、あるわけがないと思うかもしれません。しかし、私の経験から、同業で転職活動や就職活動をする場合、企業規模が小さいと噂が広がることもあります。

その為、小さい企業ほど正直に言っておく方が良いかもしれません。

◆実は必死な企業が多い

企業も内定辞退して欲しくないとの思いから色々な対策を実施します。例えば、既存の職員との懇親会や、長期インターンなど、人との関わりによって内定辞退を防ごうとする会社、内定者向けの教育環境を充実させる会社、ＳＮＳやメールなど情報共有にて一体感を出す会社、など、内定者辞退を防ぐ対策は企業により様々です。

おそらく、就転職活動をしている人たちが思っているよりも倍以上、内定辞退に対して敏感ですし、内定だけでなく、採用選考途中の辞退などに直面して疲弊している人事担当者は多いです。

本当に小規模企業においては、面接に来てくれるだけでありがたい。休まなければ採用したい。と言う企業もある程です。

◆会社規模によっては纏めて内定は出せない

大手なら話は別ですが、採用予定1名の企業が2名の内定を出す事はできません。もちろん、2~3名の募集の場合も同様です（小さい企業の場合、応募も少ないため、複数名の内定を出す事はあまりありませんが）。

100名の募集予定のところ120名内定する事はありますが3名の採用のところ4名の内定を出す事は、ほとんどありません。

少し考えれば分かりそうですが、4名の内定を出して4名採用すると人件費の幅が大きくなり、経営を圧迫する為です。

分かりやすい様に4名と言いましたが、規模の小さい会社であれば同様です。

この様に規模の小さい会社にとっては自分の会社を選んでくれる人材はとても貴重な存在であり、相当の覚悟をもって内定を出しているのです。ですから、特に中小企業を受ける際は、「スベリ止め感覚」など持たず、一社一社真摯に向き合うことを心掛けましょう。たかが中小企業…と思っても、企業間には思わぬ繋がりが存在しますから、不義理をすれば悪評が意外な形で広まる恐れもあります。

5 会社規模での本音と実態

◆1〜5人規模の会社の本音と実態

本当に小規模な会社では採用が上手く行っているケースは多いです。理由は、自分の同級生や元同僚に声をかけて一緒にやる事が多い為です。つまり、既存の知り合いに「一緒に会社をやらないか？」と声をかける為です。

小さい会社では働き方も大企業とは変わります。1〜5人規模の会社であれば特に会社内での風通しも良いため、社長に直接意見を言って仕事をすることができます。ただし、通常の就職・転職活動でこの規模の会社を志望する事は相当勇気のいる行動だと思います。また、この規模の会社だと外部への採用広告を出していない為、探すこと自体難しいかもしれません。

色々な人との出会いの中で、気が合えば1〜5人程の会社で働くと、マルチなスキルが身につくかもしれません（もちろん入社する会社によります）。社長が直接採用活動をしている事がほとんどなので、社長の人柄を見れば、会社の色や方向性がとてもわかりやすい事も特徴です。

◆6～10人企業の本音と実態

この位の企業だと、業種によっても違ってきますが、拡大方向の場合は大抵、会社の仕組みやシステムを考え始め、採用活動も多少実施していると言う企業が増えてきます。

社内のルールを整えたり、評価制度を作ろうかどうか検討したりしている企業が多いです。

つまり、評価や研修、ルールがしっかりしている会社に入りたい場合はもう少し大きい規模の会社の方が良いかもしれません。

逆に、人事評価が社長の一存で決まる事も多くあるため、一足飛びに成長したい、昇進したい場合はこの位の規模の会社からはじめてみるのもアリです。草創期に入社し、初期メンバーとして一緒に会社を大きくしていければ、自分自身も、とても大きく成長ができます。

反面、大きく成長している、成長を目指している企業はいきなり潰れるということもあります。

社長の人柄もさることながら、周りの人付き合いを大切にできる会社を選びましょう。会社の社長がしっかりとした人脈を気づいている会社であれば、仮に会社が潰れたとしても他の会社を紹介されたり、声をかけられたりして、仕事に困ることはあまりありません。このくらいの規模の会社でも、もちろんリスクはありますが、最小限に抑えられる会社を選びましょう。

◆10人〜50人企業の本音と実態

10人〜50人の規模ですと2通りの企業が考えられます。一つはベンチャーの成長期、毎年毎年数人〜数十人の採用を実施してどんどん成長している企業。もう一つは長い間続けてきた企業で2代目や3代目の企業。業績は安定しているが、そんなに積極的な採用をしていない企業。

どちらの企業もそれぞれの魅力がありますが、社内の制度は整っていないケースが多いです。10人までの企業が評価制度を作成したいと思っている企業だとすれば、10人以上の企業は評価制度を作り始めている会社が多いです。

ベンチャー企業で拡大傾向にある企業の場合設立年を調べるとわかりやすいかもしれません。

また資本金が代表や家族が出しているものなのか？　ベンチャーキャピタルなどが出資しているのか？　という点も要チェックです。

自己資本で成長している場合は、経営も安定している可能性が高い為、良い会社の場合が多いです。

ベンチャーキャピタルなどが出資している場合は伸びる可能性がある会社なので、オススメですが、2〜3年で上場できるかが問われ、急成長が求められとても忙しいこともあり、色々な体制作りをしないといけない会社の場合が多いので、社内がバタバタしているケースも多いです。

◆50人～100人企業の本音と実態

この位の規模の企業になって来ると新卒採用に積極的な企業が多くなってきます。評価制度や研修制度も運用されており、経営も安定している会社が多いです。

新卒採用に積極的になってきている分、大手と比べて応募が少ない為、良い人材の獲得がとても難しいというのが現状です。

この位の規模の会社だと、仕事内容で募集がある事も多く、やりたい事がある場合はとても良い規模感だと思います。

◆100人～1000人企業の本音と実態

少し大きく人数幅を取りましたがこの位の規模の会社だと前述の会社に比べ、全国展開をしていたり、部署異動の頻度も増えていたりと、転勤や転属があり得る規模になってきます。上司もそのたびに変わります。通常の大企業の一歩手前、または大企業と言われている会社がここに当て嵌まります。まだまだ大きくしている途中の会社も多いため、昇進、昇格をスムーズにして行きたい方にとってはとても良い規模です。反面、このくらいの規模で縮小をしている会社だと業界全体が低下傾向ということも考えられます。過去の従業員人数を調べて入社する事も大切です。

◆1000人以上のベンチャー企業

俗にメガベンチャーと言われている会社ですが、ITバブル以降にできた会社が目立ちます。メガベンチャーの特徴としては古い会社に比べて意外と制度がしっかりと整い運営されていることです。（時代にあっている）また、働いている社員も若い事が多いです。

その分、既存の大企業よりも管理職が若く、世代交代が先になるので昇進が難しい企業もあります。しかし、古い企業体質がない為、能力評価される事も多く、若くして昇進できる可能性も大いにあります。

自分の実力に自信があり、大きい事がやりたく、若いメンバーで働きたい場合はオススメです。その分、実力がなければいくら働いても評価されない為、実力があると

「思っている」だけの人には向きません。

◆1000人以上の大企業

一昔前には大人気企業も多かったですが、時代の流れで人気業種が変わる人数規模感です。

拡大をしていない会社の場合、上が詰まって、昇進、昇格が難しい場合もあります。経営は安定している為、いつの時代も一定の人気はあります。

業種によっては採用に苦労している企業もある為、大きい企業に入りたい、と言う要望のみの人は人気がない業種で大きい会社に応募すると、比較的就職しやすいかもしれません。

大規模のベンチャー企業と違い、保守性の高い人材が多い為、企業風土が少し古めの会社が多いのも特徴です。

会社規模による特徴例

1～5人の企業

友人間でのリファーラル採用が多い
求人を探すのが難しい。

6～10人の企業

拡大する場合は一気に大きくなる。
人事評価や研修などの制度が未整備。

10～50人の

ベンチャーで上り調子の企業。
業績安定だが、停滞気味の企業

50～100人の企業

業績判定して制度の整備を始めている。
求人に苦戦している。

100～1，000人の企業

複数エリア展開している。
部署間、勤務地の移動がある。

1，000人以上のベンチャー企業

社員が若目。
実力がないと昇進出来ない。

1，000人以上の大企業

年齢層が高めの人が経営層に多い。
企業風土が古め。

6 人気企業のワナ

◆人気企業が自分に合っている訳ではない

人気企業だから志望している、そんな人はいませんか？　人気だからといって自分に合っているかというと、そう言うわけではありません。人気企業の人事担当者は志望者が来ないという悩みはあまり持っていませんが、最近、「良い人が来ない」と言う声をよく聞きます。人が欲しい企業は「良い人」が来ると、何としても入社して欲しい、辞めないでほしいと思いアプローチをかけます。

すると、本当は自分に合っていないかもしれない会社でも、「就活を続けるのが面倒だから、大きい企業だし、人気企業だから」と入社してしまうケースは少なくありません。

そうは言っても「自分に合う会社がわからないから人気企業から選ぶのはダメなのか？」と思うかもしれません。一つの選択肢としてはアリです。但し、辞めることも念頭に置いておく事をオススメします。人気企業であれば転職活動の時にも有利にはたらく為、自分に合ってない場合は無理やり続けるよりも転職した方が良い場合もあります。

逆に転職しないほうが良い場合もあります。それは自分に合わないと「思っているだけ」の場合です。自分の実力を過大評価してしまうと起こる現象ですが、大手の会社の中堅社員でよく見られる現象です。自分は役職があるから仕事ができる、他の会社に行っても通用すると思って、いざ転職活動を始めると今の半分の給与でも転職できない。なんて事も無くはありません。

大きい会社に入ったからといって＝仕事ができると言う訳ではないので、自分の現状をしっかり把握した上で、身につけるべきスキルや経験は、その会社で身につけましょう。

では、どうすれば自分にあった会社を見つける事ができるのでしょうか？答えから言ってしまうと簡単なことではありません。しっかりとした自己分析と、多くの行動力、考察力、コミュニケーション能力、運が必要となってきます。特に行動することはとても大切です。

・その会社に行ってみる
・実際にその会社に行ける場合は行ってみる
・その会社の代表者の話を聞く（直接会う、講演会にいくなど）
・その会社の役職者の話を聞く

などなど、様々な行動を取ることで、自分とその会社があっているかどうか？　が少しずつ見えてきます。

もっと言うと、一度入って見て判断するのもアリです。会社から選ばれているだけでなく、自分も選んでいるという意識を持ってみると、見えてくるものが違ってくるかも知れません。

大企業ならば、人事異動等の頻度も高く、そのたびに環境も変わります。入社後、合わないと感じても、働くうちに自分に合う環境に落ち着く可能性があるということです。支社・支店もあり、社員も多いので、苦手な人と何十年もずっと席を並べ続けることも珍しいでしょう。これは、企業規模が大きく企業内での多様性が高いゆえであり、規模の小さい企業ほど「合わない」状況はずっと続きます。なので、企業との相性は中小企業ほど重要と言えます。

◆人気企業の選ばれ方

では、人気企業はどのように選ばれているのでしょうか？もちろん給与や商品が知れ渡っているか？　が大きいところですが、社会的なイメージも関係してきます。

人気企業のランキングは毎年変わります。給与とブランドだけでランキングするのであれば毎年変わると言うことは無いはずです。

事故があった業界や、大量リストラがあった業界は敬遠されランキングを落とす事もよくあります。

つまり、人気企業とは「あまり深く考えず雰囲気で選ばれているランキング」とも言えるのです。メディアでも左右されますし、先輩や大学の先生の意見でも左右されます。

人気企業に左右されず、自分の行きたい会社を選んでいく事はとても大切な事なのかもしれません。

◆人気企業の中にも色々な人がいる

実はここが本書で一番伝えたい事なのですが、人気企業と言っても企業は所詮「人」の集まりであって「人」で構成されているのです。

それなりの大きい企業の営業でも特定の営業マンが突出した売り上げを出していると言う状況は少なくありません。その営業マンが辞めてしまったら会社の経営状況が悪くなると言う場合もあります。

つまり「会社」を「会社」として見るのでは無く「人の集まり」として見ることが大切だと言うことです。良い「人」が集まった結果、良い「会社」ができるのです。

人気な企業も人で構成されている

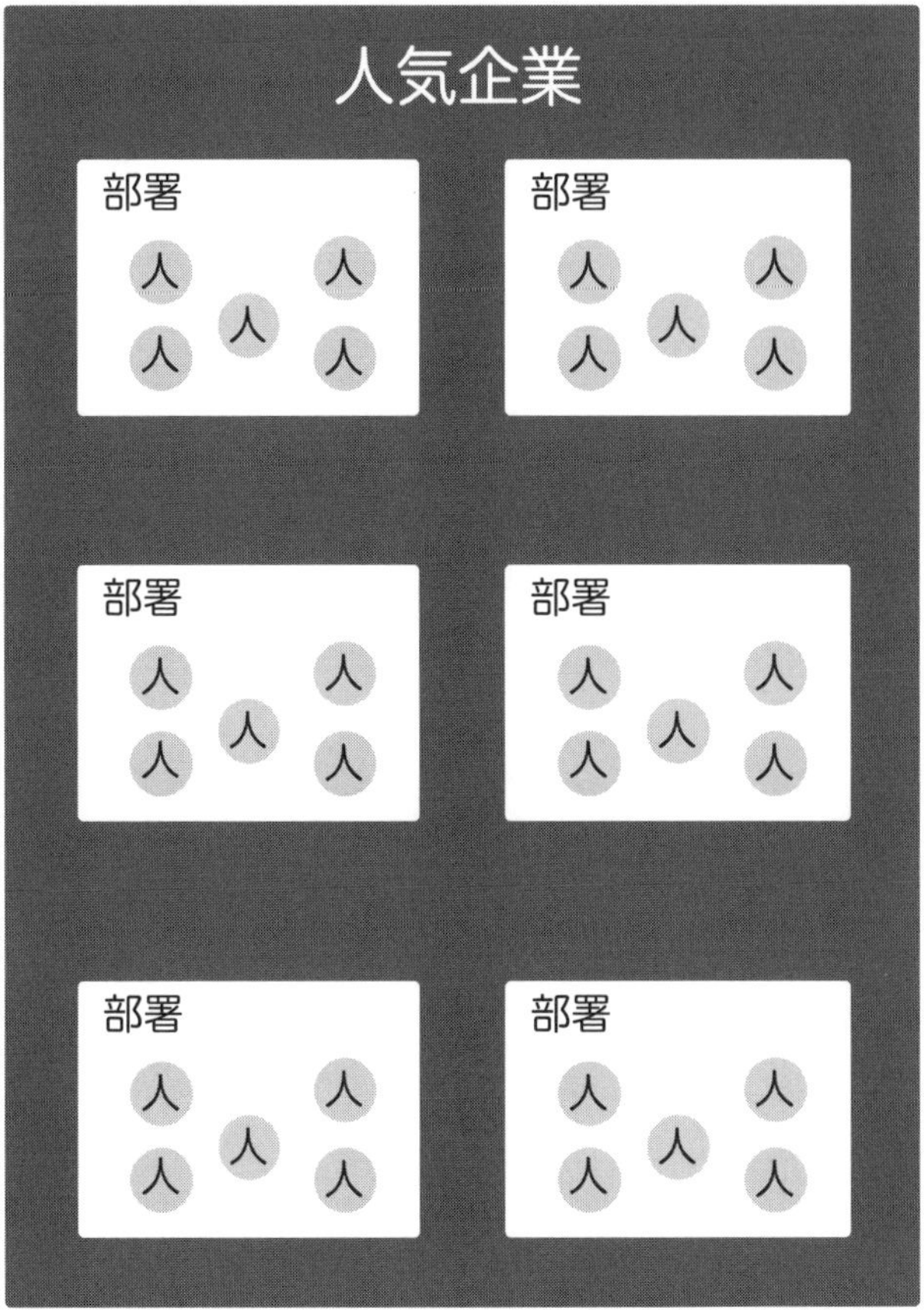

【海外採用の本音と実態】

海外では日本に比べ、実力主義の会社がとても多いです。語学も堪能で、海外で働くことに抵抗が無く、実力にも自信のある場合は、海外の会社も大いに選択肢に入ると思います。

また、国によっては大手企業に就職するよりも起業して大きなことを成し遂げることの方が評価されたり、家族を一番に大切にする事が評価されたり、とその国の風土は国によっても地域によっても様々です。

海外での就職活動を検討する場合は、日本で就職活動をする以上に、現地に行ったり、話を聞いたりする事が必要です。

7 入社後の本音

◆人事担当者は人を辞めさせたくない

人事担当者がいる企業は、離職率、離職数が人事担当者の成績にリンクしている事もよくあります。人事担当者に限らず、小さい会社であれば社長も人はやめて欲しくありません。社員の独立起業を応援するような企業でない限り、できる人材はやめて欲しくないと思っています。

その為、人事担当者は「あの手」「この手」で離職の防止に務めます。社員との面談はもちろん、いろいろな社員の為の制度の導入、研修制度や評価制度による公平感の構築、などです。

こう言ったことから、社員を大切にしている会社ほど多くの制度が構築されています。「面談制度が整っていて面談の質が高い」「福利厚生がしっかりと考えられていて従業員のためになっている」「教育制度がしっかり整っていて、しっかり運用されている（人が育つ環境）」などが判断基準になってきます。

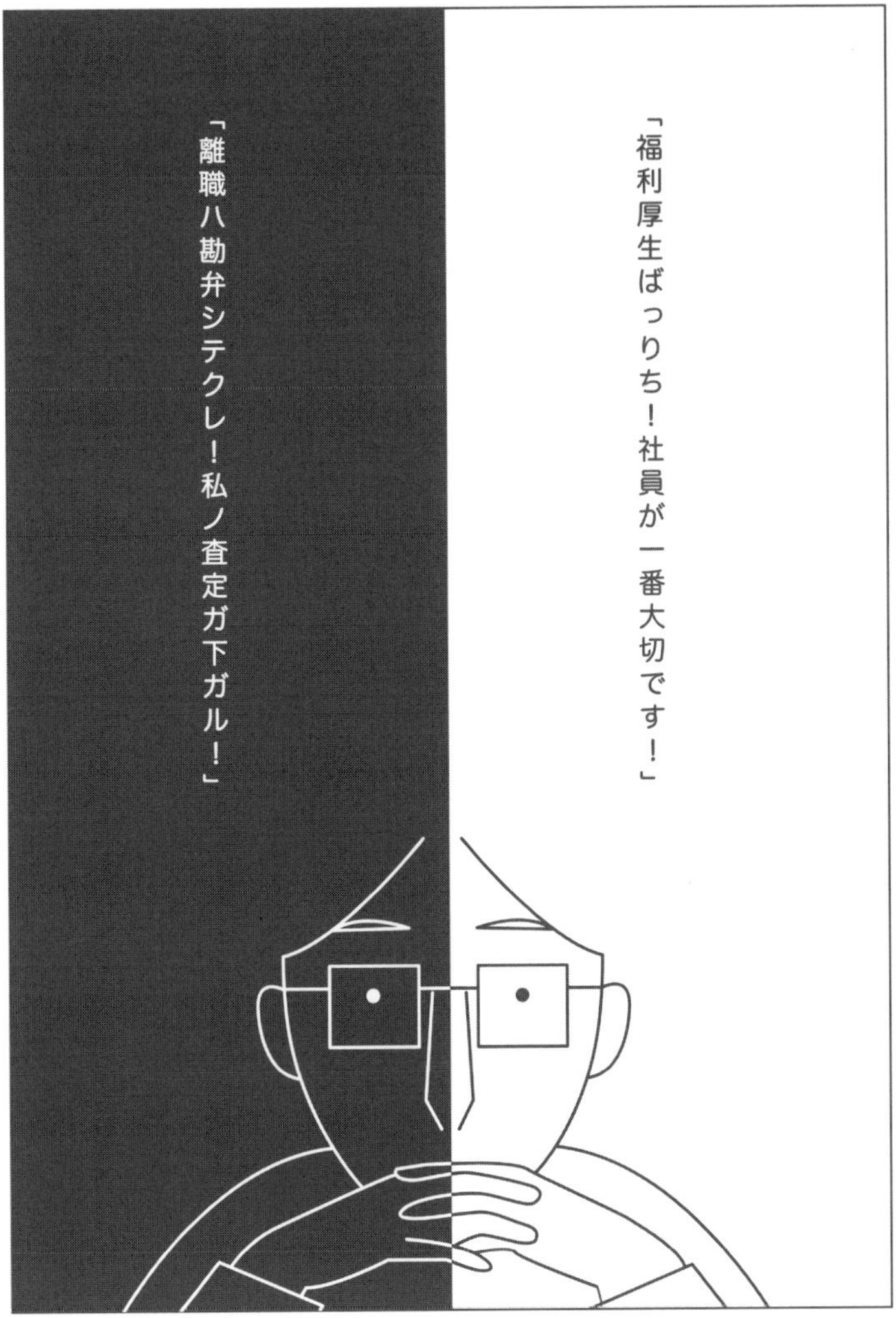
「福利厚生ばっちり！社員が一番大切です！」
「離職ハ勘弁シテクレ！私ノ査定ガ下ガル！」

入社直後がその会社の本質を見極めるのに最も適した時期の一つです。入社してみないとわからないこともあります。その会社で働いていく覚悟も大切ですが、自分と合わない会社で働き続ける必要もありません。客観的に会社を見つめ、自分自身が判断できるように、入社後、しっかりと社内環境を観察しましょう。

いくつか問題のある例をあげてみましょう。

【教育制度が整っていない】

仕事の仕方が分からないのに「何でできないのか？　その位覚えて来い」と言う上司、先輩が多い。大きい会社にはこの手の社員が少なからずいる為、二人ならともかく、多くの上司や先輩がこの様であれば、教育制度はあるが運用されていない可能性が高いです。運用の落とし込み中でうまく行っていない場合は良くなっていく可能性がありますが、運用を諦めている場合は、1年目での離職率が高かったりする事も考えられます。成長したいと言う理由の場合は避ける方が良いかもしれません。

残業なし
定時退社
一致
不一致

【実は残業が多い】

募集要項には残業なしと書いてあったが、残業が多い会社。タイムカードの打刻時間を指示している場合があります。例えば新人は早く来るのが当たり前と1時間前出勤を強制したり、業務終了後は勉強の時間だからとタイムカードを押した後、勉強という名の業務をしたりなどがこの例に当たります。

全てが悪いわけではないですが、その状況が当たり前と思わない事も大切です。従業員の勉強の時間もしっかりと勤務の中に入れて教育できている会社も数多くあります。根性論が好きな人は構いませんが、内容によっては訴えた場合、従業員が勝つ事も十分ありえます。自分の目的をしっかりと見据えて働く様にしましょう。合わない場合は離職もアリです。

◆独立を応援してくれるベンチャーもある

弊社もそうですが、社員の独立起業を応援するベンチャー企業はとても多いです。古い大手企業だとなかなか応援してくれる企業は少ないですが、ＩＴバブル以降の企業だと応援してくれる会社も多いのではないでしょうか。会社によっては独立支援制度があったり、独立しても失敗したら戻ってきても良いよ、という制度があったりする会社もあります。

独立を視野に入れている人は、応援してくれる風土の会社に入る方がやりやすいかもしれません。

◆大手の役職者は人次第

大手企業に限りませんが、役職者や上席の人格や能力は完全に人次第です。こればかりは運による要素が強くなってしまいます。大手に入ったから良い人と出会えるか？といえば、そういうわけでもありませんし、中小だから良い人に出会えるか？　というとそういうわけでもありません。

自分が入った1社目の会社の上司がとても素晴らしい人で、人生における基本は全てその人に教えてもらったと言う人もいれば、上司のせいで病気になったと言う人もいます。もちろん万人に合う上司がいる訳ではありません。やはり運になってしまいます。

自分自身の成長に焦点を当てるのであれば、上司や役職者がどんな人であっても自身の成長を意識して「教えてもらえない」から成長できないのでは無く「自分で学んで」成長すると言う意識を持って仕事に向き合いましょう。もちろん運良く「良い上司」に巡り会えた場合、いろいろな事を教えてもらいましょう。

8 大手か起業かベンチャーか

学生だからと言って、起業してはダメな理由はどこにもありません。だからと言って、起業をお勧めするわけでもありません。大切なのは、視野を狭く持たない事です。特に4年制の大学を卒業した人は大手企業を志望するケースが多いですが、話を聞いてみると「親の為」「せっかく大学を卒業したから」「なんとなく」と言う理由で大手しか志望しないケースが散見されます。

私の知り合いのケースです。内定をたくさんもらった中から5年後の給与が一番高いであろう会社に就職して1年で辞めた人がいます。

もちろん給与で会社を選ぶことも大切ですが、自分の中で何が大切か定まってないと前述のような現象がおきます。

では、1年で会社を辞めることはダメな事なのでしょうか？そうでもありません。

今、その人は別の大手企業で全国ナンバー1営業マンとして働いています。

働きがいも感じていて、前職を1年で辞めた事は経験として、その人の中で活きています。

ちなみに辞めた理由は連勤と残業が続くことによる体調の危機を感じた為だそうです。ある一人の事として書いていますが、この連勤と残業による体調の危機を感じている人は大手の会社に勤めている人でも意外と多いのが現状です。

会社としては残業禁止なので18時には電気を消します。皆さん帰りましょう、と建前では言っているものの、電気の消えた会社で残っている、なんて事もあります。

いくらお金が稼げてブランド力のある会社で勤めたとしても身体を壊しては元も子もありません。

そう言った職場環境を是正したい、と言って起業する人も多く存在するのが現状です。

だから、大手を辞めましょうというわけでもありません。

大手であればあるほど、その会社の労働環境の実態はインターネットでも調べやすいですし、働いている人にも話は聞きやすいです。

自分自身が、長時間労働でもブランド力があり、給料の高い会社に入りたければそれで良いのです。

大手と一括りにしましたが、残業も休日出勤もなく、給与も良く、人間関係も良い、なんて会社も存在します。何度も言いますが、大切なのは調べることです。

大切なのは、自分が何を求めているか？　と言うことをしっかりと把握することです。●●系の仕事をしたい、給料はこのくらいが良い、と言う理由だけで会社を決めると後悔することにもなりかねません。

後述するのはあくまでも参考程度にご覧下さい。

◆大手向きの思考

1・安定した会社が良い

安定した会社が良いと言う考え方をする人の多くは大手企業を志望します。間違ってはいません。間違ってはいませんが、大手でも経営が安定していない会社も多いの

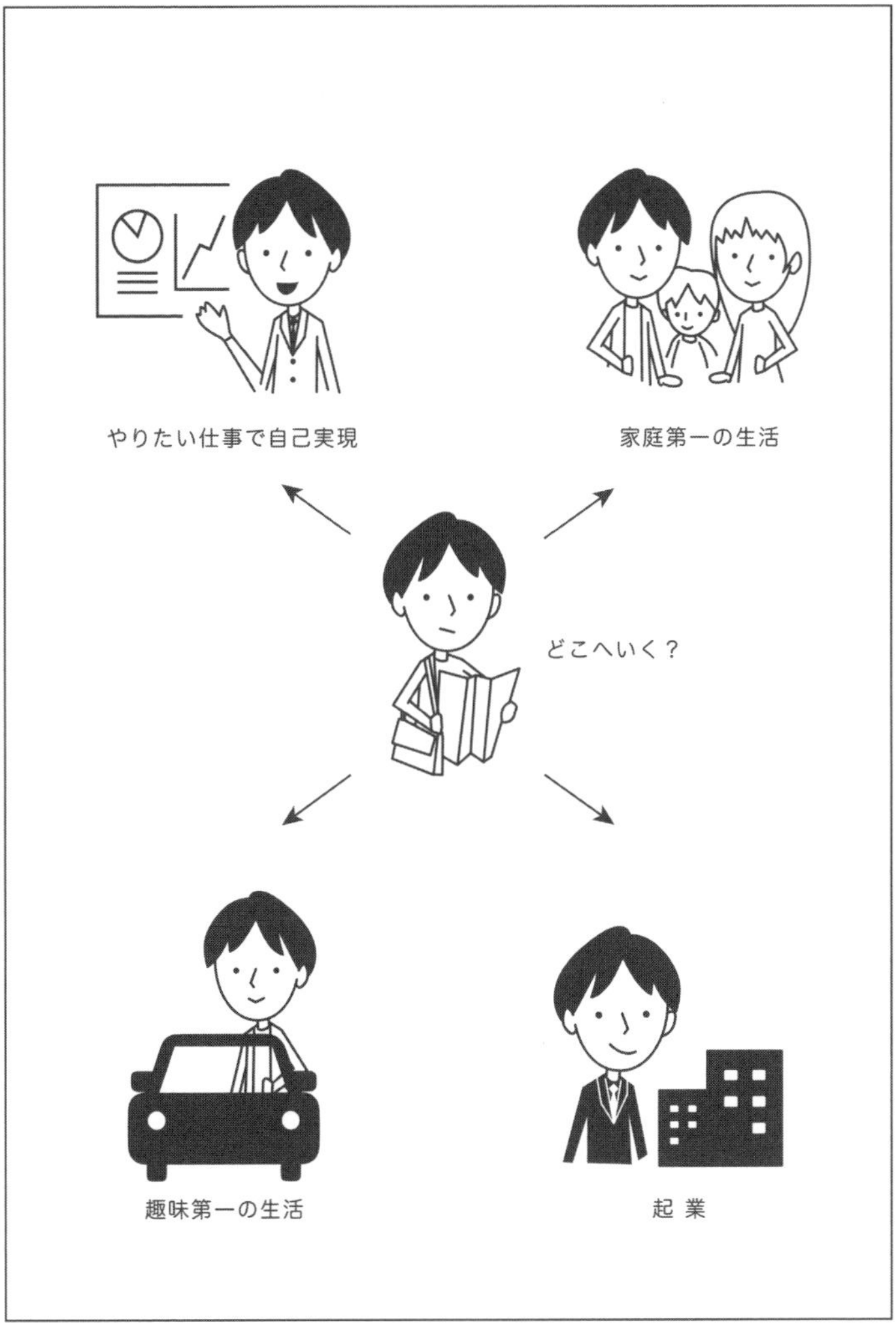
やりたい仕事で自己実現
家庭第一の生活
どこへいく？
趣味第一の生活
起 業

が現状です。だから、ベンチャーが良いですよと言うことでもありません。安定した会社が良いと言う思考の場合は、現状の経営状況がどうか？（利益や事業内容など）今後の経営プランはどうか？　などの会社の状況を知らなければ、「大手だから安心だ」と高を括っていると、会社が潰れたり、リストラされたりなんて事も現実に起こっています。

安定を望むのであれば、会社を調べる努力を惜しまない事です。

2・大きい仕事をしたい

誰でも知っているような大きな仕事をしたい場合も右記と同じようにベンチャーよりも大手のほうが可能性があります。ただし、ベンチャーでも、無いわけではないので、どんな仕事がしたいか？　が大切になってきます。

大手企業に入ったからといって大きな仕事ができるわけではありません。誰でも知っているような有名企業、あるいは芸能人のような有名人とのやり取りは社内でも人気の仕事なので争奪の対象であり、その仕事を取るための努力はもちろん必要です。自分自身の力しかり、大手であればあるほど、社内営業力（社内でのコミュニケー

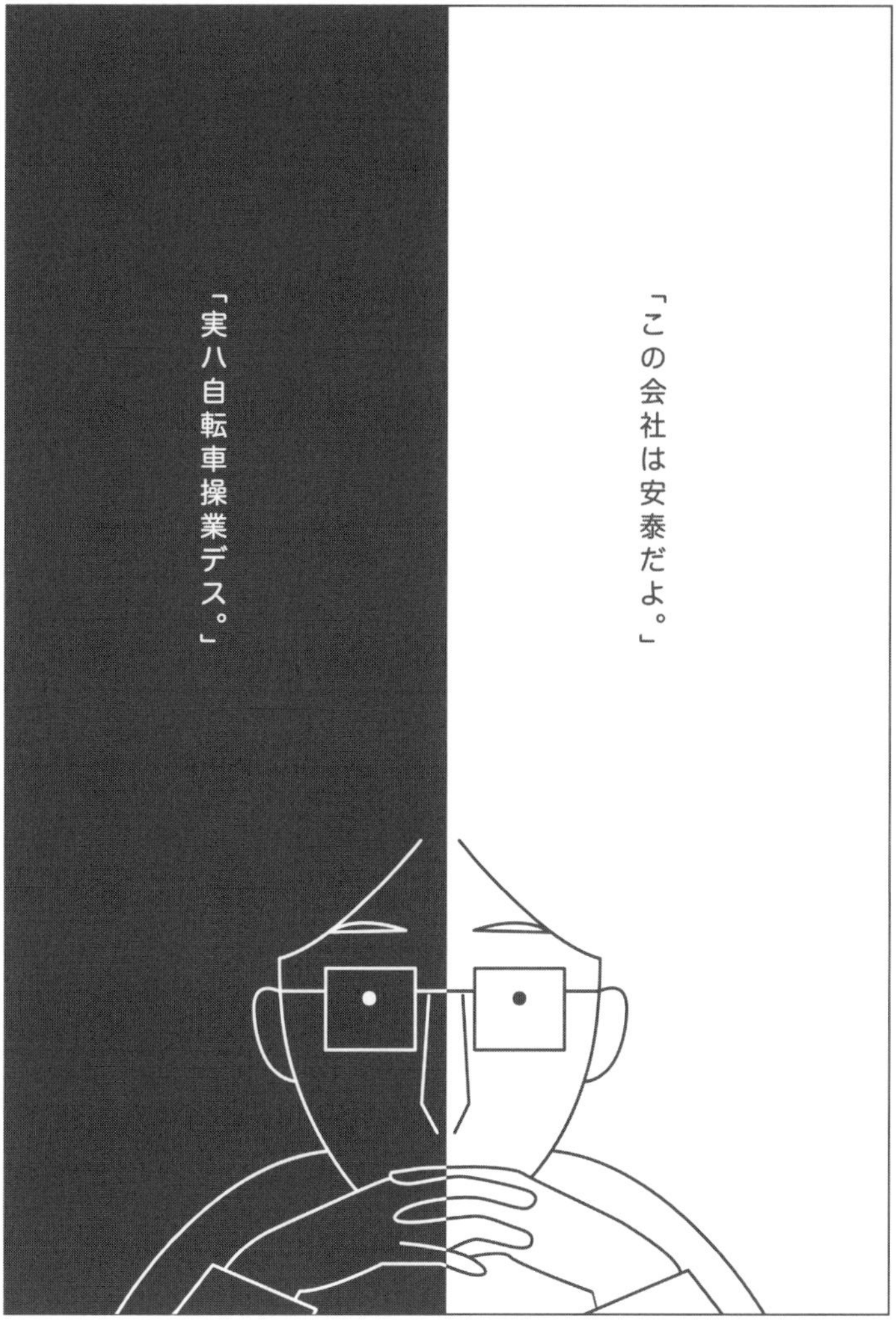
「この会社は安泰だよ。」
「実ハ自転車操業デス。」

ション能力やプレゼン能力）も必要になってきます。

3・企業ブランドと働きやすさは無関係

これは前述の二つとは違いますが「親の為」「自分のプライドの為」「周りの人からどう見られるか？」などブランド力の為に誰もが知っている会社に入りたい、という理由です。ブランドを求めて会社に入る事も決して悪い事ではありません。

社会に出ると、会社名で人のことを判断する人は多いです。そのラベルを求める事は必然だと思います。ブランド力を求めた時に気をつけたいのが、前述した労働環境などです。ブランド力を求めた結果、無理が効かない（身体が弱い）方は、体調を崩したり、うつ病になったり、酷い人だと過労死するケースもあります。

ブランド力だけでなく、自分がどんな働き方をしたいかも考えて会社を選ぶようにしましょう。

◆ベンチャー向きの思考

1・色々な事にチャレンジしたい。興味がある

多くのことに興味がある人はベンチャー企業に向いています。特に人数が少ないベンチャー企業に関しては、人手が足りないので、本当に色々なことを担当することになります。営業をやりながら人事の仕事をしたり、プレイングマネージャーを務めたりする、などはザラで、多くのマルチタスクをこなす事もあります。

その分、さまざまな業務の経験値、ほかの会社に行っても通用する実力は、大手で働くよりも短い時間で身に付きやすいと言えます。

2・一発逆転したい

言い方に語弊があるかもしれませんが、昇進意欲のある人は大手企業よりもベンチャー企業のほうが良いケースがあります。大手企業だと、利益が急増しているケースが少なく、安定しているケースが多いです。その為、新しい支社ができたり、店舗ができたりする事も無く、役職者が退職するまで上のポストが空かず、空いたとして

もかなりの激戦と言うケースがとても多いです。逆にベンチャー企業だと、成長している企業も多く、社長との距離が近い事も多い為、昇進にはさほど苦労しません。ただし、ベンチャー企業の多くは実力主義なので、実力が評価されなければ、ずっとそのままというケースもあります。大手だと、勤続年数による昇給があるところがまだまだ多いですが、ベンチャーでは少ないです。

3・ハングリー精神がある

これも書き方に語弊があるかもしれませんが、ベンチャー企業の場合、いきなり経営不振になる事があります。(大手でもありますが、可能性はベンチャーの方が高いでしょう)。その場合、自分の力で会社をなんとかしよう、といった考え方や、会社が潰れても何とかなるといった考え方を持っている人は次に繋がるので、ベンチャー企業に向いていています。

極端な例になりますが、私の知り合いの子が入社した会社が1年後、経営が厳しく給与未払いが3ヶ月続いてしまった事があります。その時、その従業員が言ったセリフがとても印象に残っています。

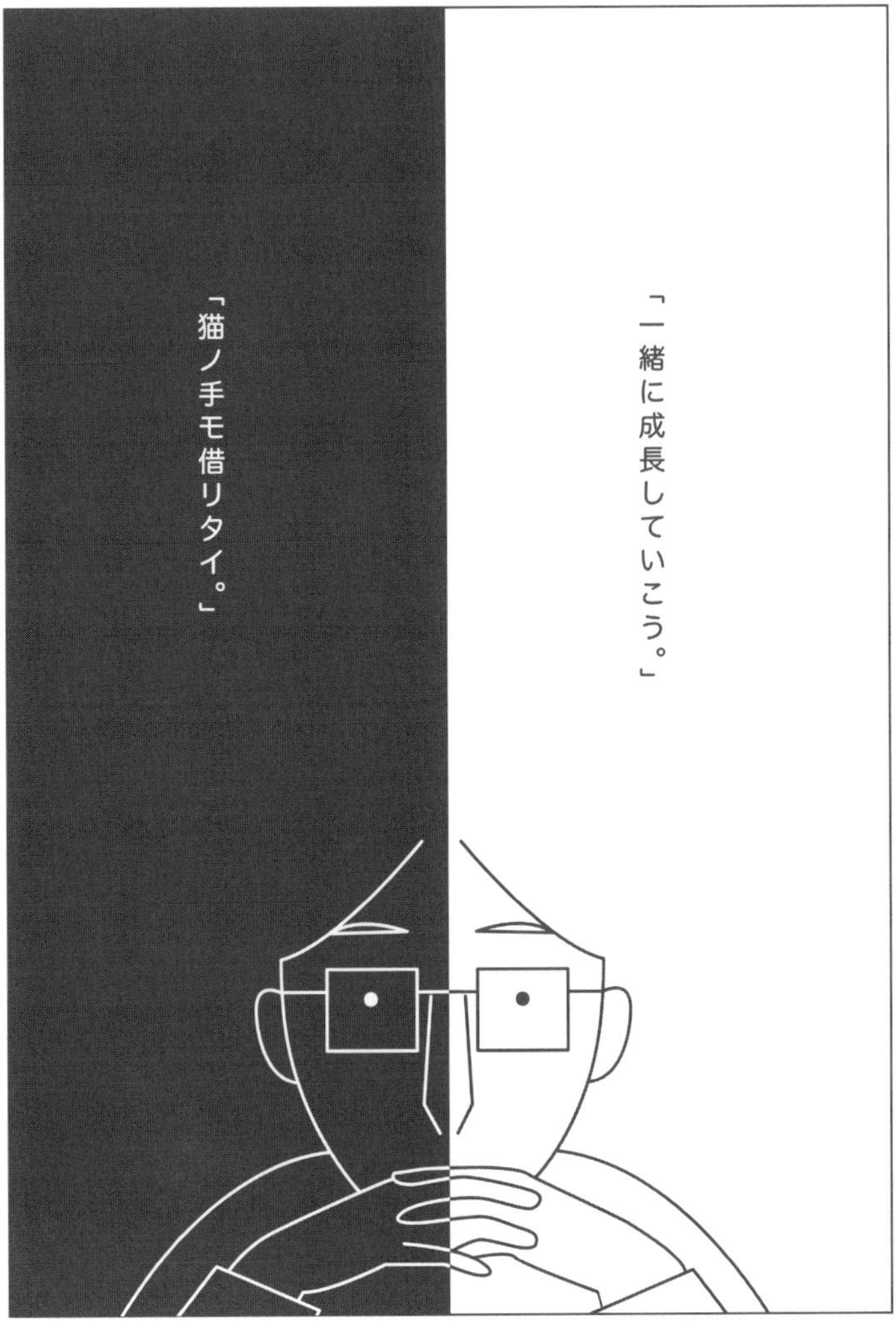
「一緒に成長していこう。」
「猫ノ手モ借リタイ。」

「自分の実力が足りないせいで申し訳ない」

給与を貰えないことへの不満では無く、自分の実力不足による売り上げの不足に目を向けています。こう言ったハングリー精神のある人は是非ベンチャーに入ることをお勧めします。ちなみに今は別の会社で次期社長候補として働いています。

◆起業向きの思考

1・人に指示される事が嫌い

起業している人で、よく聞く理由の一つに、「誰かに指示される事が嫌いで、自分のペース、自分のやり方で仕事をしたい」というものがあります。

この考え方は起業家向きです。特に小規模でやっている経営者に多いですが、誰かに指示されるのが嫌…そうだ自分でやろう、と言う思考です。

勢いに任せて起業するのは良いですが、この場合、やりたい事もやるべき事も決まっていない為、かなりの精神力がないと続かない人が多いです。

指示されるのが嫌だから起業する場合は、一度大き目の会社に入って実力とコネとブランドをつけた方が良いかもしれません。

2・何か成し遂げたい事がある

学生起業でよく応援されるケースがこのケースです。「ＩＴで上場して一発あてたい」と言った願望から「社会の問題を解決したい」と言った想いまで様々な考え方がありますが、何か成し遂げたい事がある場合、学生から起業をすると言う選択肢を選ぶ人が稀にいます。

前述の人に指示されたくないと言うよりも想いが強いため、学校在学中、または卒業してすぐに起業するケースも多いです。

3・根拠のない自信がある

意外と大切なのが、この「根拠のない自信」。起業に限った話ではないですが、「上手く行く」「自分ならできる」と言った、特段根拠のない自信がとても必要になって来ます。

自信がないと壁にぶつかった時に潰れてしまう可能性があるので、根拠の無い自信がない人は起業には向かないかもしれません。

9 ライフプラン

多くの就職、転職者が「どういう生活をしたいか？」よりも先に「どういう仕事をしたいか？」を考えます。

仕事も生活の一部です。仕事をするために生きているのではなく、生きるために仕事をするのです。自分がどんな生活をしたいか？を考える事が、どんな会社に就職するべきか？ を考えるための一番の近道かもしれません。

一度、左記の内容を考えてみて下さい。

◆60歳になった時の生活

60歳でどういう生活をしていたいか？ A4の紙に描いてみて下さい。結婚していたいのか？ 孫が欲しいか？ どこに住んでいたいか？ どんな家に住みたいか？ 車はあった方が良いか？ 趣味は何をしていたいか？ どんな人と関わっていたいか？　など、文章で書いても良いですが、ぜひ絵で描いてみてください。

◆10年後の生活

前述の60歳での、なりたい姿と似たような話になりますが、より具体的な10年後の像を箇条書きにしてみて下さい。

どんな働き方をしていたいか？　どんなところに住んでいたいか？　趣味は何をやっていたいか？　結婚していたいのか？　パートナーと付き合っていたいのか？　一人で遊んでいたいのか？　旅行でどこに行っていたいか？　10年間の間で欲しいものは何か？　できるだけ多く、具体的に、そしてワクワクしながら、明るい未来を想像してみてください。

◆理想の生活を実現するための収支

10年後の生活を実現する為に必要な金額はいくらか？　具体的な金額を書き出して

みてください。家賃はもちろん、食費や交際費、趣味にかける費用、光熱費、車を買うのであれば、購入費、維持費など様々な支出が考えられます。

支出を出したら、それを賄える給与が出てきます。10年後、その給与を稼げる会社で働くのか？　起業を目指すのか？　転職を視野に入れて働くのか？　といった行動に移せます。

さらに、趣味や家庭に使う時間が大事な場合、10年後の理想をどこまで妥協できるのか？　などを考えて仕事を選んでみましょう。

◆趣味や遊び

人によっては趣味や遊びの方が仕事より大事な場合もあります。自分にとって優先順位が何なのか？　考える事が大切です。例えば、アイドルの追っかけをやりたくて働いている人は、イベントに使えるお金は勿論ですが、休みが自由に取れる環境が大切です。

私の場合は合気道を学んでいるのですが、平日の夜や土日に稽古やイベントがあり

ます。そう言った習い事や自分のやりたい事が優先される場合は残業のない会社や土日休みの会社、また、逆に平日休みの会社が良い場合もあります。

◆結婚や出産

結婚や子供に関しては仕事を探すよりも大切な事かもしれません。これも、人によります。結婚しないと決めている人もいますし、結婚しないと決めていても気が変わる人もいます。

家庭を大切にしたい人は、どう大切にしたいか？　という具体的な行動を決めると、趣味と同じようにどんな風に時間を使いたいか？　が出てきます。

この様な事をしっかりと考えて仕事を選びましょう。

【株式投資の勉強をする】

私のとてもお世話になっている人の言葉でとても納得感のある言葉があります。

「自分が株を買いたいと思わない会社に入るほどリスクのある事はない」

確かに株の勉強をしていくと、その会社が伸びそうな会社かどうか？　調べる力が身につきます。就職活動とは別の観点で会社を調べる事もできます。

株式投資を実際にやるかどうかは別にして株式投資の勉強をしてみることはお勧めです。就職活動のために株式投資の勉強をする場合は「会社の株価が伸びそうか？」とは別の観点「その会社が良い会社、売上が伸びそうな会社」という観点でも会社が見られるようになると、さらに会社を選びやすくなると思います。

10　人事担当者が欲しい人材の本音と実態

◆どんな人材が欲しいと思っているか？

評価基準のところでも書きましたが、この本の本題となる部分です。会社の人事担当者はどんな人材が欲しいと思っているのでしょうか？　実は、人事担当者によって違う！　と言うことが回答となります。

例えば、営業マンを雇いたい会社があったとします。しかし、面接を人事担当者が担当する場合、「営業の責任者と人事の担当者の欲しい人材が違う」ということはよくある事なのです。

もちろん、欲しい人材の目線が一致している事もあります。が、前述した様に違う事もあるのです。この営業と人事の目線の違いが社長と人事の違いにも表れてきます。では、どんな事が原因でこの違いが出てくるのでしょうか？

最もありえるケースとしては、面接の制度が整っておらず、面接のためのシートはあるが、面接のトレーニングや事前の打ち合わせをしていない為、客観的な評価では

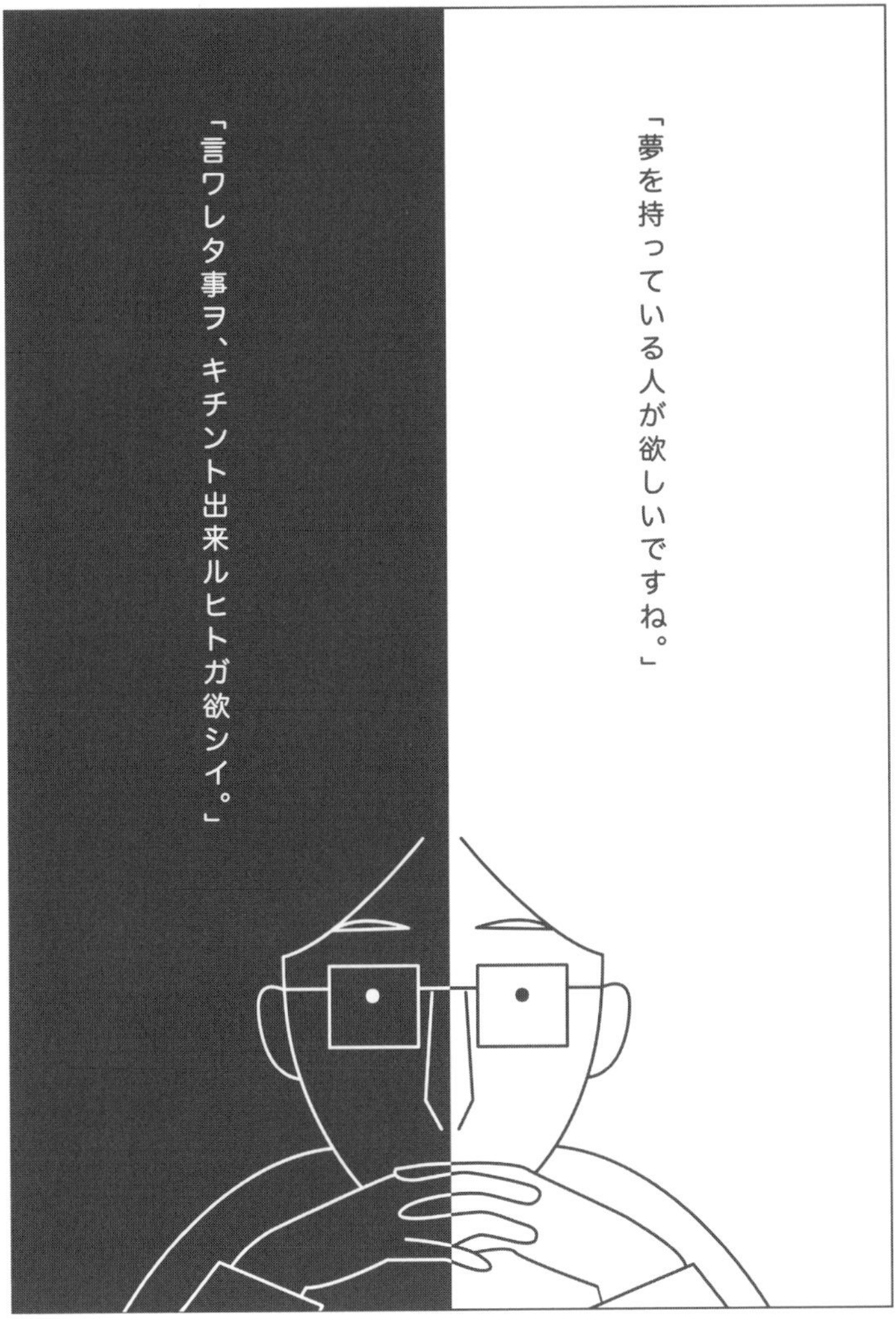
「夢を持っている人が欲しいですね。」
「言ワレタ事ヲ、キチンント出来ルヒトガ欲シイ。」

なく、面接担当者自身の「好き嫌い」に寄った選考になる…これは実に「よく」あります。この好き嫌いに対して対策を打つ事はなかなか難しい為、何回かお伝えしましたが、運に任せるしかありません。

もう一つは、会社の人事制度が目線に違いを生むケースです。人事担当者の評価に「離職率」が入っている場合、人事担当者は「辞めなさそうな人」を採用する場合があります。ここで、営業との乖離が出てくる場合があるのです。例えば、起業志望と言う事を人事に伝えた場合、担当者によっては「やる気がある人」と思われ、また別の人だと「辞めそうな人」と取られてしまいます。このケースに対応する場合は、「会社の方向性が自分と一致しているか?」をしっかりと調べる事が大切です。(HPに書いてある事が真実とは限らない為、その会社が開催している行事などに参加して様子を伺うとさらに良いです)。

この様に色々な事情で人事担当者の目線は変わってしまうのです。その為、「人事担当者が欲しいと思っている人事はどんな人材か?」と言う問いに関しては、「人事担当者毎に異なるのでわからない」という回答になります。

当たり前じゃないか！　と思うかもしれませんが、この担当者毎に異なると言うことをわかった上で対応していかないと万人ウケする回答、行動をしてしまいがちなのです。面接を受けている最中でも、「この人事担当者の人はどんなことを考えているんだろう？とその「人」にフォーカスして話をする事はとても大切な事なのです。

◆自分が今何をするべきか？

では、そんな中、自分はどんな対応をできるのでしょうか？最後に書きましたが、「人」を知るトレーニングをする事は可能です。色々な人と話しながら、「この人は何を考えているんだろう？」と思いを巡らせながら話をし、可能であれば、それが合っているか確認する。このトレーニングを繰り返せば、人を知るクセがつき、人事担当者がどんな事を考えているかわかるかもしれません。

また、人を知る時に大切な事は多くの「知識」を知っている事です。学校でする勉強は当然として、社会に出たら使うであろう知識は話を「する」にしても「聞く」にしてもとても大切です。

例えばＩＴ業界の会社に入りたい場合、プログラミングを書いた事がある人とない人では話せる内容が全然違ってきますし、採用の担当者の質問内容が的確に把握できるかどうか、も違ってきます。つまり、まず大切なのは話をする土台を整える（知識をつける、蓄える）」、そして次に「話をするトレーニングをする（相手のことを知る）」事です。もちろん採用担当者は多くの人と話をしてきている為、自分よりも話を聞く事には長けているかもしれません。しかし、普段の生活でこのトレーニングをしているかどうか、は目の前の人事担当者の本音を知る上ではとても大切な事なのです。一般的な事は本書で書いてありますが、最終的な採用担当者の本音はあなた自身で掴むしかありません。より多くの人と話をする機会を作り、トレーニングしてみましょう。

トレーニング①

身近な友人に協力してもらい10分間質問させてもらう。

まずは身近な友人にお願いしてトレーニングしてみましょう。人を知ると言うことから、10分間質問の時間を貰い、質問し続けてみましょう。聞きやすい相手、聞きにくい相手など様々な人がいると思います。10人の人にそれぞれ10分間質問をして、相手の事をどれだけ知れたか目の前の人にシェアしてみましょう。その後、質問は答えやすかったか？　気になる点はあったか？　もっと聞いて欲しい質問があったか？聞いてみましょう。

身近な人にトレーニングをお願いし、気軽にトレーニングすることで簡単な基礎が身につきます。

トレーニング②

年上の人にトレーニングして貰いましょう。親に紹介してもらったり、友人に紹介して貰ったり、先輩に紹介してもらったりして、できるだけ知らない人にお願い出来ると良いです。その際に、就職、転職活動のためのトレーニングに付き合って欲しいとしっかりお願いしておきましょう。事前の準備をしっかりとすることで、相手もしっかりとアドバイスをしてくれます。

初対面の年上の人だと、前述のトレーニングよりもぐっと難しさのレベルが上がります。しかし、実際の面接であれば人事担当者の方は初めて会う人がほとんどだと思います。その為、知らない人と話すと言うトレーニングはとても大切なことなのです。

学校や、周りの人に面接のトレーニングを10回してもらうよりも、知らない人と1回トレーニングする方が身につくスキルは大きいです。(ただし、慣れてからでないと難しい部分もあります)。

協力してもらえる年上の人が見つかったら、10分間質問させて下さい。人と話すためのトレーニングなので、10分後気付いた点があれば教えて下さい。と伝えて、協力してもらうようにしましょう。

トレーニング③

さて、ここまでで「人を知る」というトレーニングをしてきました。ここからが最も大切な事ですが、「知った相手」に対して「自分を伝える」と言うトレーニングもしなくてはなりません。まずは相手に対してではなく、単純に自分を伝えると言う事について考えてみましょう。

トレーニングなので、やってみる事が大切です。最初に自己紹介動画を30秒で撮影してみて下さい。できればカンペなどは作らず、いまこの場で、携帯を取り出して撮影してもらうと一番効果が出ると思います。

撮影したら、その動画を一度見てみてください。完璧であれば、そこで終わりですが、もう少しこんな事を喋った方が良かった。喋り方を工夫した方が良い。声のスピードを調節した方が良いなど、様々な改善点が見えてくると思います。その改善点を修正してもう一度撮影してみて下さい。

撮影できましたか？　ではもう一度動画を見てみましょう。いかがですか？　1回目より良くなっていればＯＫです。

トレーニング④

さて、自分を伝えるトレーニングはできましたか？　ではバリエーションを増やしてみましょう。自己分析などで洗い出した、自分の長所や短所、好きな事、過去の経験など、どれか一つをピックアップして30秒自己紹介をしてみて下さい。さらにそれを動画で撮影して、トレーニング③のように見返して再度、撮影してください。これを繰り返して、いろいろなバリエーションの30秒自己紹介動画を撮影しましょう。こうする事で、自分の中に会話のボキャブラリーが生まれ、どんな場合でも相手に自分の事を伝えやすくなります。

トレーニング⑤

ここまでしっかりとトレーニングできていれば、あとはやるだけです。トレーニング①、②で実践した「相手を知る」事とトレーニング③、④で実践した「自分を伝える」事を合わせて、「相手が知りたいと思っている、自分を伝える」事を実践してみましょう。

できれば、知り合いにも、知り合いではない人にもお願いできる状況を作れれば最高です。まず、10分間質問をさせて貰い、相手の事を知った状態で、その人と仲良くなるには自分の何を伝えれば良いかを選択し、相手に話します。この時に30秒自己紹介で練習した物の中から1つを選んで長くても1分間で話すようにしましょう。

いかがですか？　自己アピールをしたところで相手から質問があれば成功です。相手が自分に興味を持ってくれたと言うことは、相手の知りたい自分を伝えられたと言う事です。

この①～⑤までのトレーニングを繰り返す事で、「相手が何を知りたくて何を伝えれば良いか？」が少しづつ分かってくると思います。

企業が欲しい人材になるためのトレーニング

①身近な友人に協力してもらい１０分間質問させてもらう

１０分間相手に関して質問させてもらう。
質問してわかった事を相手にはなし、フィードバックを貰う。

②　①のトレーニングを初対面の年上の人にお願いする

初対面の相手に１０分間質問させてもらう
事前にフィードバックをお願いする。

③自己紹介動画を撮影する

自己紹介動画を 30 秒撮影して見返す。
改善点を探し、さらに撮影して見返す。

④バリエーションを変えて自己紹介動画を撮影する

上記とは違う内容で 30 秒動画を撮影して見返す。
さらに違うバージョンで 30 秒撮影して見返す。

①〜④でトレーニングした内容を合わせて実践する

１０分間質問をして、相手に合う内容を１分以内で話す。
色々な人で同じ事を繰り返す。

実践・継続することが大切です。一度やってみてください。

慣れてくれば、声のトーンや顔色で話題を変えることも可能ですが、１００人以上の数をこなさないといけない為、難しいかもしれません。就職、転職活動にて目の前に座った人事担当者の本音を知ることは至難の技かもしれませんが、今までのトレーニングで少しでも効率を上げることは可能です。身近な人に面接のトレーニングをしてもらうよりも効果があることは多いので、是非やってみて下さい。

11 育成事情

◆評価制度の本音と実態

「評価制度があります」と言う会社は多いと思います。私の実感値ですが、評価制度が整っている会社は多くありますが、運用がしっかりされている、という会社は非常に少ないように感じます。

形式上、「何を評価するか?」は決まっているが、評価の面談担当の人材が知識不足で、しっかりした面談ができない。「なんでできないんだ?」と繰り返すばかりで、生産性のある話ができない。質問が下手で、部下の悩みや長所をヒアリングできない。などなど様々な問題が山積しています。

では、どういった会社、どういった評価制度が、しっかり運用されているものなのでしょうか?

一つ目は、後述する研修制度に結びついているかどうか? 二つ目つは客観的に判断できる項目で作成されているかどうか? 三つ目は上長が、評価項目を実践できる

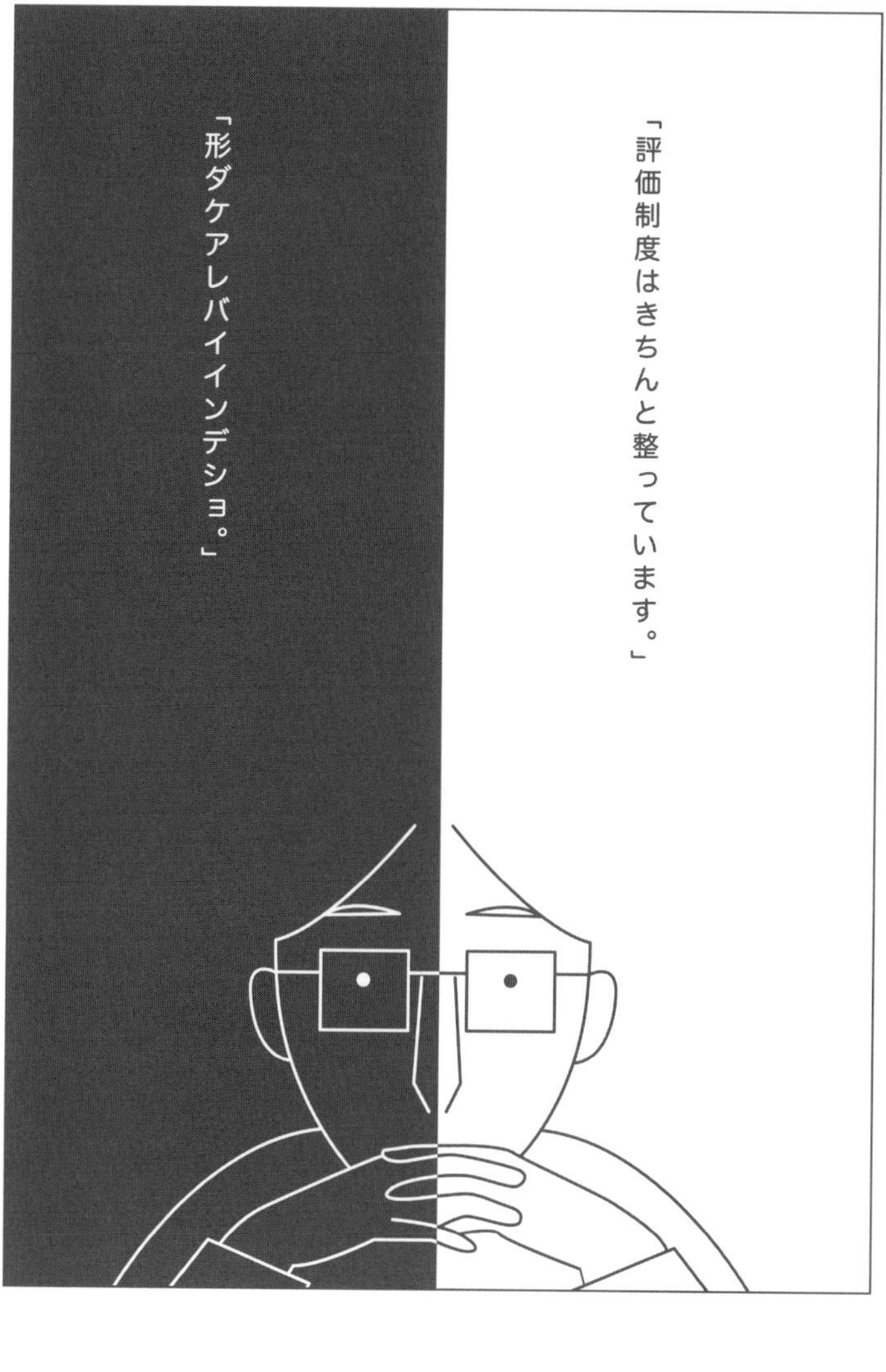
「評価制度はきちんと整っています。」
「形ダケアレバイインデショ。」

かどうか？　そして最も重要な四つ目は、しっかりとPDCAサイクルが回せているかどうか？　です。

評価制度がしっかりと運用されていない会社に入社してしまった場合、それこそ、その人自身の成長力が問われることになります。「会社が何も教えてくれない」「正当に評価して貰えない」「何をすれば良いかわからない」などの不満が出て来ることは目に見えている状態と言えるでしょう。

それでは正確に評価制度が運用されているかどうかを見るための要素を一つひとつ確認してみましょう。

1・研修制度に結びついているかどうか？

評価制度には「基本的なビジネスマナーが身についているか？」「明るく元気に挨拶ができるか」といった、どこに行っても通用する基本的な項目から「プログラミングができる」「立てた目標、実績から要因分析をし、さらに良いものを提案する事ができる」などの専門的な内容まで様々な部分で評価する項目があります。

ここで重要なのは「基本的なビジネスマナーが身についているか」といった項目に対して、学べる環境が用意されているかどうか？　という事です。

例えば、ビジネスマナーに関しての本が常設されている。ビジネスマナーに関しての車内マニュアルがある。ビジネスマナー研修を取り入れている。など、実際にその評価項目を学ぶ上での環境、仕組みが整っている場合、とてもスムーズに多くの人が成長出来る会社である可能性が高いです。

2・客観的に判断できる項目か？

評価制度には主観をなるべく省く工夫が必要です。「仕事ができる人材か」「仕事の早い人材か」「雰囲気が良いか」などの、見る人によって評価が変わる評価制度はあまり好ましくありません。

「仕事が出来る人材か」↓「どんな仕事でも自ら積極的に行動する」「報連相を徹底して、ミスがなく仕事ができる」

「仕事の早い人材か」↓「期限内に、残業をせずに与えられた仕事を終わらせる事ができる」

「雰囲気が良いか」↓「身だしなみが整っているか」「常に落ち着いて理性的に人と話す事ができる」

この様な評価に言い換える事で、主観的な判断を減らす事ができます。もちろん、人が評価する事なので、主観をゼロにする事はできませんが、客観的な内容を増やす事で、公平な評価を実施する事ができます。

3・上長が評価面談を実施できるか

もちろん誰であっても面談をする事はできます。しかし、質問が上手だったり、改善案を出してくれたりする上長は実はそれほど多くありません。よく言われる話ですが名選手が名監督な訳ではないのです。営業で数字を出せる営業マンが優秀な管理職になれるかどうか？　は全く違う話なのです。

しかし、世の中の会社の多くは数字や実績を出した人が昇進し、管理職になるケースがほとんどです。稀に、年功序列で、数字は出していないが管理職になる方もいます。ここで、面談の話に戻しますが、優秀な管理職の方は面談も上手いですし、モチベーションの上げ方も上手です。

面談のスキルの見極めの一つとして「なんでできないんだ？」と原因ばかり探る上長はあまり面談のスキルが高くないケースが多いです。この場合「だから駄目なんだ。」「できない奴だ」と否定に入るケースが多く、本人がよほどポジティブでない限り、「うつ」になったり「生産性が低く」なったりしてします。

ではどういう面談をしている上長が良いのでしょうか？「どうすればできる様になるか」としっかり、課題に対しての解決策を考え、アドバイスしてくれる人だと、お互いに成長出来ますし、生産性もあげる事ができます。

上手く、自分の事を引き出してくれ、今後について生産的な面談が出来る上長が多い会社を選べると良いと思います。

4・PDCAが回せているかどうか？

評価制度において最も重要な事はPDCAサイクルがしっかりと機能しているかどうか？という事です。ではそもそもPDCAサイクルと言うものをご存知でしょうか？ P（プラン：計画）↓D（ドゥ：実行）↓C（チェック：結果確認）↓A（アクション：改善）↓P（プラン：計画）と言った具合にグルグルと回っていくものなのですが、A（アクション：改善）の部分で、あまり考えさせる事ができていないのが現状です。

つまりP（プラン：計画）→D（ドゥ：実行）→C（チェック：結果確認）→P（プラン：計画）→D（ドゥ：実行）→C（チェック：結果確認）となってしまい、A（アクション：改善）ができておらず、物事や仕事の進みがよくなって行かないと言う現象が起こってしまうのです。

しっかりと目標を毎回確認してくれて、前回の目標に対してアクションプランを実行した結果を確認してくれる上長に当たると、大きく成長できる機会が得られます。

◆研修制度の本音と実態

会社の応募情報を見ていると「研修制度あり」と言う会社は多いと思います。しかし、研修制度の中身を公開している会社は非常に少ないと言うのが現状です。さらに、研修制度は社内限定にしており、外部には公開不可な場合が多い為、会社に入るために、どんな研修制度が組み込まれているか？を調べることは、ハッキリ言って非常に困難です。

もちろん入社前の面談で「研修制度とは具体的にどんな事を実施するのでしょうか？」と質問してみるのはアリです。

しかし、いちいち丁寧に説明する事はできません。まずは研修制度に関する大まかな内容を把握した上で、調べて見るようにしましょう。概要を知っていれば、入社した後も研修制度がしっかりしているかどうかの判断をする事もできます。

研修制度は大きく分けて、「O-JT」と「OFF-JT」と言う2種類に分かれます。これは「On-the-Job Training」オン・ザ・ジョブ・トレーニング」と「Off the Job Training、オフ・ザ・ジョブ・トレーニング」の略称として使われています。

O-JTとは現任訓練とも言われ、仕事をしながら仕事の内容を教える事を言います。うちの会社はO-JTで丁寧に仕事を教えますよ、と言う会社は非常に多いですが、O-JTにはメリットも多いですが、多くの弱点があります。

まずは、O-JTの担当者がトレーニングの専門家ではなく、現場の上司である事がほとんどである、という事です。現場の上司が仕事の教え方が分からないケースは非常に多く、研修担当者により、教える内容や質にモレがあったり、下手だったりと大きくブレる事になります。運良く、教え方が上手な上司に当たらない限りは、「仕事を教えてもらえない」「何をしたら良いか分からない」と言う状況が生まれてしまいます。

次に研修担当者が「教え方」を教えられていないケースも非常に多いです。この事により、前述したようなブレが発生します。「教え方」を統一する事で均一したO-JTが実施絵きている会社であれば、しっかりと研修制度が整っていて運用されていると言えると思います。

Off-JTとは座学研修とも言われ、主に席に座って教科書を用意して実施する様な研修の事を言います。言葉の通り仕事の現場を離れて実施する研修の事なので、教科書がないケースもありますし、動きながらやるワークの場合もあります。Off-JTに関しても良い点と悪い点があります。

最近良く聞くかもしれませんが「e-ラーニング」などもoff-JTの一環です。「e-ラーニング」は場所や時間を選ばないと言うメリットはありますが、現場感が薄いし、

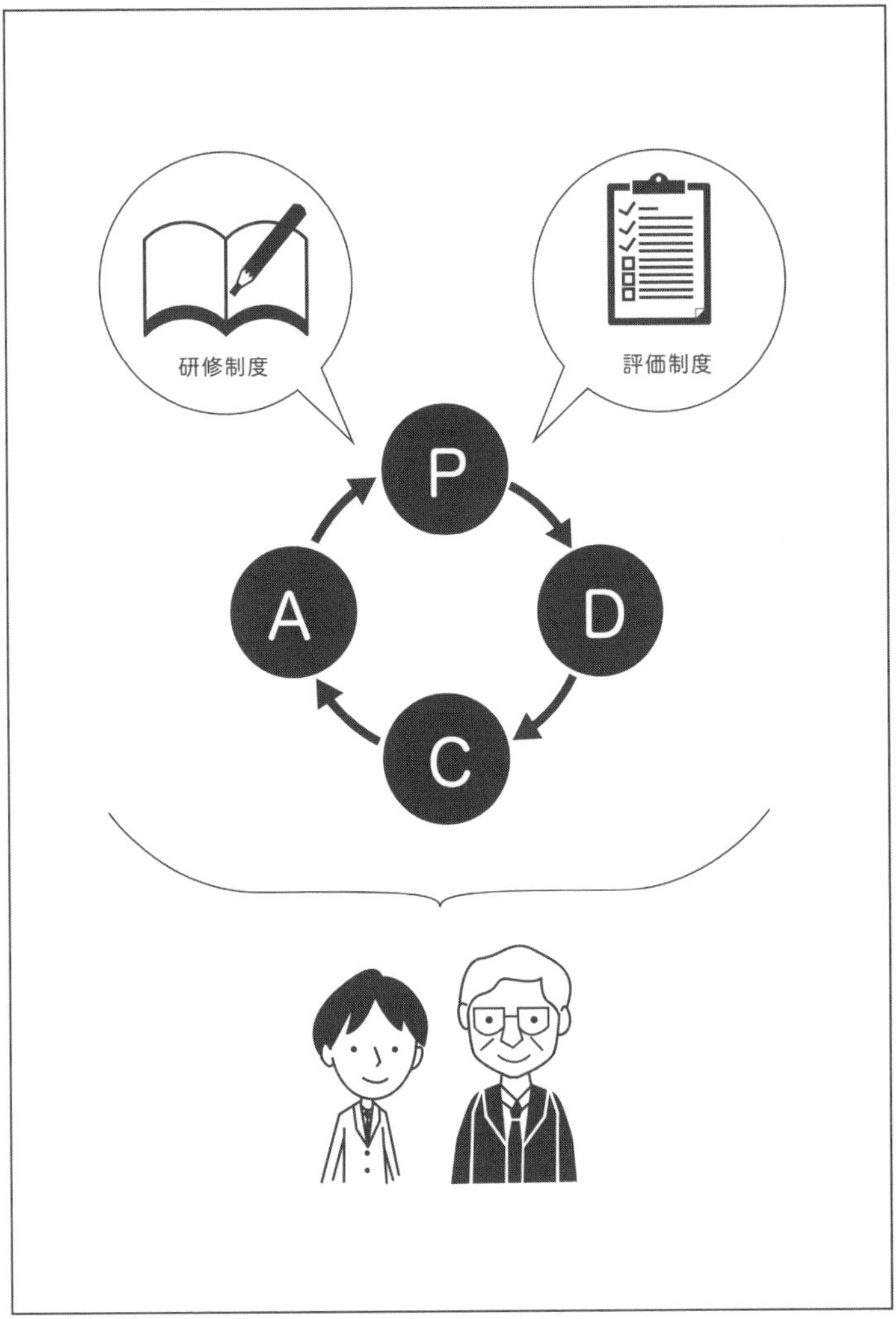
研修制度
評価制度
P
D
C
A

リアルタイムな質問ができないと言う弱点もあります。ただし、コンテンツさえしっかりしていれば、とても勉強になる仕組みになります。

e-ラーニングと同じ様に通常の座学研修もコンテンツが非常に大切になってきます。ここで言う「コンテンツ」とは「研修の内容」と「進行の方法」の事を言います。しっかり作り込まれた研修コンテンツだと、時間配分や言葉の使い方まで丁寧に作り込まれているものもあります。

Off-JT良し悪しの判断としては、自分のレベルに合っているかどうか？　成長できる内容か？　研修のスピードは適切か？　など多くのところから判断しないといけません。

専門知識のO-JTだと、予備知識がないとついていけないケースもあるので、一概には判断できませんが、自分が楽しいか、わかりやすいかなど主観で判断しても良いかもしれません。

12　就活ルールの本音と実態

◆青田買い

青田買いと言う言葉をご存じでしょうか？

本来は農業の言葉で、収穫量を見越した上で先買いする事ですが、就活では企業が早い段階で学生に目をつけたり、内定を出したりする事です。昔は大学卒業後に採用活動をしていた時代があり、その採用活動を学生の頃にする事を青田買いと呼んでいたのですが、現在は廃止されています。


最近も、経団連が関わっていた就活ルールが廃止されるなど、大きな変化があり、通年採用や、早めの採用活動を実施できる企業も増えてくると思います。

青田買いは言い過ぎかもしれませんが、今後、情報を早く掴んでいく事がとても大切になってきます。

もしかしたら、大学1年生や、大学入学前の人に就活のアプローチする様な企業やサービスが出てくるかもしれません。

例えば、どんな企業に勤めたいか考える。自分がどんな生活をしたいか考える。入ってみたい会社でバイトする。興味のある業界で働いてみる。製品を使用する。その会社に入っている人に会いに行く、などの行動は制限されていません。

水面下で企業が更なる青田買い活動をやっていると言う実情もあれば、一方で、努力して自分を青田買いをさせる事も可能です。

就活の既成概念に囚われず、今から自分ができることを探してみましょう。

◆方法はいくらでもある

前述の青田買いにも通じるところがありますが、志望先企業にアプローチするための方法はいくらでもあります。通常の就職活動をしなければいけないと言うルールは、どこにもありません。

企業の人事担当者はいつでも優秀な人材、企業に合う人材に会いたいと思っていいます。就職者や転職者が思っている以上に色々な方法でアプローチする事を考えているものです。

逆に、就職、転職活動をする方も、あの手この手で企業を探して良いのです（と言うよりもむしろ探すべきです）。

私は毎年学生の育成支援に取り組んでおりますが、その学生の多くが、私の周りのベンチャー企業に就職したり、転職したりしています。もちろん大手もいます。

この場合は、完全に紹介ですが、学生の頃からベンチャー企業の社長の集まりに顔を出していたり、社会人とのつながりがあったりすると、自分が本当にやりたい仕事を紹介してもらえることもあります。

もちろん通常通りＷｅｂから企業を捜すのもアリです。業種によってはアルバイトをしてそのまま社員として働くことも可能です。また、新卒で就職活動をすると、新卒採用サイトを活用する事が多いですが、転職サイトへ応募してはダメと言うルールはありません。

小さい企業の場合、新卒の募集サイトには載っていない事も多いのです。●●であれば尚可と書いている事も多いですが、尚可の場合は無くても応募してＯＫです。

WEB 検索
イベント参加
アルバイトから正社員へ
紹介

◆必要とされている人材

最近、転職市場で人気のある年齢層は20代後半から30代前半の人達です。中途採用の相談ではビジネスマナーを身につけている若い人材が欲しいと言う意見が多く、実力をつけるための転職は35歳までを考える事がお勧めです。

35歳を過ぎての転職活動になると、何かしらの専門スキルがあるか、突出した人脈やコミュニケーション能力などが求められます。

一番難しいと言われているのが、大手企業に長く勤め、給与が高めだけど、その企業の仕事しかできないケースです。大手企業の係長～課長クラスだと、給与は落としたくないが転職したいと言っても採用したいという企業はほとんどありません。給与を半分以下にできれば別ですが、現状働いている会社と同水準で転職することは至難の技です。自らが必要とされる人材となる為に、今いる会社でどんな努力をすれば良いか？　しっかりと考えながら働く事が大切です。

◆副業

最近は副業を出来る会社が就職を選ぶ基準の一つと言う人が増えてきています。現状の日本の状況やインターネットの普及など様々な要因が考えられると思いますが、企業もそこに合わせて副業解禁しているところが大手でも多くなってきています。

副業を許可している会社は経営層が若かったり考え方が柔軟だったりする会社が多いので、会社を選ぶ一つの目安にはなります。

◆年功序列

年功序列と言う言葉を聞いた事はありますか？　最近はあまり聞かなくなって来ましたが、昔は当たり前の制度でした。会社に長く在籍している人の方が昇進出来、給与が高く、偉いと言う制度です。昔の日本の会社は年功序列が当たり前だった為、いまでも、年功序列が残っている会社もあれば、親世代で年功序列の感覚が残っていて、その感覚で子供にアドバイスしてしまう親もいます。

しかし、最近の会社の多くは年功序列が崩れて来て、仕事ができる人の方が昇進でき、給与が高く、偉いと言う風潮に変わってきています。

今後の時代の流れでどう変わるかは不明ですが、少子高齢化になってきたことから、この流れはさらに加速する物と思われます。

今から会社を選ぶ人は長く会社にいれば給与が上がると言う概念は持たずに会社を選んだ方が無難かもしれません。

成果主義ばかりになると、年功序列の会社が魅力的に見えてくる事もあります。そういった流れから、年功序列の会社がもしかしたら出てくるかもしれません。しかし、前述した通り、実力がないと転職市場では価値のない人材になっていってしまう為、成果主義の会社であろうと年功序列の会社であろうと、実力をつけるように意識して働くことをおすすめします。

◆終身雇用

前述の年功序列とセットになっているような制度ですが、この終身雇用制度に関しては日本に根強く残っています。

特に会社側から従業員をやめさせる事は、いまの法整備上、実はとても難しいのです。会社に入ると定年60歳など、何歳まで働けるかが決まっているのですが、それは60歳まで、特に大きな問題がなければ会社から従業員を辞めさせる事が出来ないと言う事なのです。

年功序列の制度と合わせると毎年給与が上がって、会社はその人を雇い続けなければいけない。働く側にとってはとてもよい制度だったのです。

また、少子化ではなかった時代はどの企業も成長していたので、事業規模が大きくなれば上のポストも増えて昇進し易いという状況もありました。

今では状況も変わり、年功序列も崩れてきていますが、終身雇用（定年）制度は残っています。

働く側とすれば、何歳まで働けるか？　というのは大切なポイントです。自分が働く会社の定年が何歳かも調べておきましょう。

【今、身につけておくべきスキル　…インターネットで調べる力】

Google先生という言葉は聞いたことがあると思います。Googleで何かを検索する事ですが、Google先生は学校の先生よりも、周りの誰よりも色々な事に関して詳しいです。料理の作り方は勿論、刀の研ぎ方やスプーン曲げの方法まで様々な事を教えてくれます。

仕事をする上で大切なスキルの一つがこのインターネット検索を使いこなす、という事です。例えば、仕事で必要なエクセルスキルや動画を作成しなければいけない時の動画作成のスキル、仕事上必要な法律知識やさまざまなルールなど、ほとんどのことがインターネットで調べられるのです。

例えば、入った会社でいきなり、「このデータベース、エクセルでピボット使って整理しておいて」と言われたらどうしますか？

もちろんわかる方はわかると思いますが、何も分からない体で考えてみてください。

この場合、まず「データベースとは」「エクセル　ピボット　使い方」と調べれば、やり方はほとんど解決です。インターネットの検索スキルが無い人は、上司にデータベースって何ですか？　どうやってやるのでしょうか？　と聴いてしまいがちですが、インターネットの検索スキルと、それを読み取る力さえあれば、たいていの仕事はできてしまいます。

ただし、この指示を受けた場合は、何に使うのか？　を聞かないと最終的な資料を作成できない為、そこは上司に聞かなければいけません。インターネットの検索スキルとともに、話を整理する力も身につけましょう。

13 相談する時は相手の立場や事情も考えて

◆学校の先生に相談する

大学や高校の先生に就職活動の相談をする事は良くあると思います。この場合、先生はどう言った立場で、どの様なことを考えているのでしょうか？

これは「どんな高校・大学か？」で回答が変わります。例えば進学校の高校の先生であれば、大学への進学率が高校の実績に影響する為、なるべく進学する事を勧めるでしょうし、それが正解と言わんばかりのアドバイスをするかもしれません。

逆に進学校と明示していない高校ではそれ程進学を進められない場合もあるかもしれません。

また、大学や専門学校の先生のアドバイスも先生の人脈や知識、考え方で大分変わると思われます。大手で有名な企業に入る事が正解と思っている先生もいれば、起業を推進する先生もいます。専門学校で専門の事を学んだのであれば、その専門に進むべき、と言う先生もいれば、学んだ事を武器に他の業界にチャレンジしても良いと思っている先生もいます。

もちろん、相談される側は真剣に相談に乗っていると思います。ただし、自分のやった事がない事に答える場合がほとんどの為、先生の話だけで自分の将来を決めるのは危険かもしれません。

◆高校、大学の先輩に相談する

自分の中の良い1個2個上の先輩に相談する事はよくあると思います。この場合、自分が選んだ職場が【正解】と思っている場合と【失敗】と思っている場合で大きく回答が別れる傾向にあります。

正解だと思っている人は自分と同じ業界・業種を進めるでしょうし、失敗と思っている人は、同じ業界はやめた方が良いよと進めるでしょう。

この時大切なのは、相談している人の価値観と相談しているあなたの価値観が同じ（または近い）かどうか？　と言う事です。

例えば、給料を稼ぐ事が第一（つまり価値観の一番上にお金）の先輩に相談していると、その先輩は儲かっているから仕事には満足しているが四六時中働いていて休みがない可能性があります。そんな中、あなたがプライベートの時間が大切（価値観の一番上が時間）だと考えている場合、その先輩のアドバイスを聞いてしまうと、自分の時間が全くない仕事についていてしまう可能性があります。

先輩に相談する場合は相手の価値観と経験を考慮する上で相談する様にしましょう。

◆部活やサークルの先輩に相談する

部活の先輩に相談する場合、右記の高校大学の先輩に相談する事にとても近いですが、同じ事を学んできた訳ではない場合もあるので、客観的に相談できるかもしれません。

その分、自分が行きたい業界や業種に関して知識がない場合もあります。

客観的に相談できる人がいる場合は具体的な会社の相談では無く自分がどんな事をしたいのか？　どんな業界に行きたいのか？　どんな働き方をしたいのか？　を深掘りする手伝いをしてもらうと良いかもしれません。

◆友人に相談する

自分の昔からの友人、仲の良い友人に相談するということは良くあると思います。何の利害関係もない場合が多いためフラットに相談に乗ってくれると思います。

友人に相談する場合は、その友人の状況がとても大切になってきます。内定が決まっている友人であれば、自分の経験則で、浪人や留年して、まだ就職活動を初めていない友人の場合は経験則よりも思いにフォーカスした相談になると思います。

友人の立場にもよりますが、テクニカルな相談よりは、想いや感情面での相談を中心にすると良いかもしれません。

◆キャリアセンターの人に相談する

大学やハローワークにいるキャリアコンサルタントの方に相談する場合は立場上、就職をしてもらいたい、就職を決めたい。と思っている人が多いです。また、通常の企業で働いたことがない人も多いため、その方の職歴などを聞いても良いかもしれません。

相談内容としてはどんな企業を選ぶか？　が多くなると思いますが、前述したとおり、就職先を早く決める事にフォーカスされるケースが多いため、条件を下げる様にアドバイスする人も多いです。その事自体は決して悪いことではありません。

必要以上に高望みしている人や、自分の望んでいる会社がない場合も少なくない為、条件を下げて自分に合う企業を探すのは良いこととも言えます。

ここで大切なことは「絶対にはずせない条件」を自分の中で把握しておくことです。例えば、給料20万円でも生活できるけど、希望の給与は30万円であれば30万円の給与条件を25万円に下げる事は可能だと思います。

反面、面白い仕事でも給与15万円だと生活できないのであれば、そこまで条件を下げるべきではありません。

給与だけでなく、自分の中で、ここは譲れないというポイントをしっかりと把握した上で相談するようにしましょう。

相談する人

学校の先生に相談する

企業で働いたことがないケースがある
先生の話のみで就職先を先を決めるのは危険

高校、大学の先輩に相談する

自分の経験に大きく左右される
まずは相手の話を聞く

部活やサークルの先輩に相談する

具体的な会社の事を聞くのではなく、抽象的な相談もあり。
自分はどんな会社に行きたいのか？など

友人に相談する

相手の状況をよく考えて相談するべき
思いや感情面での相談が良いかも

キャリアセンターの人に相談する

就職して欲しいと思っている。
自分の中で聞きたい事を決めて相談すると良い

すでに働いている人に相談する

行きたい会社の人に話を聞けるのがベスト
相手の時間を使っているので聞きたいことは纏めて行くと良い

◆すでに働いている人に相談する

大学や部活の先輩よりもさらに進んで30代、40台の既に会社員として働いている人や起業している人に相談する方法もあります。個人的には一番オススメな相談先ですが、反面自分が働いて来た分野しかわからない人も多いです。自分が行きたい業界で働いている人や着きたい職種で働いている人に話を聞けた時は、前述の先生、キャリアセンター、先輩や友人と違い多くの情報が得られると思います。

また既に働いている人に話を聞く場合、立場によっても回答が変わってくるので、相手の仕事内容を先に聞いて相談すると相手の立場も見えて相談しやすいと思います。

的外れな相談にならないように、事前に相談したい内容をまとめて行くことも効果的です。

14 働く時に仕事を選ぶ基準（参考）

あなたは会社を選ぶ場合、どんな基準で働く場所を選んでいますか？　多くの人が参考にする基準を考えてみましょう。

◆給　料

多くの人は給料がとても大切だと思います。私も給料で仕事は選ぶべきとは思いますが、最低限を把握しておく必要があります。不思議なもので、給料があればあるほど使ってしまう人は多いのです。年収1000万円の人は1000万円の生活水準で生活する事がほとんどです。

ここでも前述した、自分がどの位の生活をしたいのか？　と言う事がとても大切になってきます。いくらくらいの家賃の家に住みたくて、どんな食生活をしたいのか？によって必要な給料が変わります。

可能であれば、このくらいの給料だからこんな家に住むと言う考え方ではなく、自分はこの家に住めれば満足だから、最低でもこのくらいの給料を稼ぎたい、という考え方の方が、仕事選びが楽になります。

例えば家賃20万円の家に住みたいのに給料20万円では無理なのはお分かりいただけると思います。ですが、その後、給与が40万円まであがる仕事なのか？　60万円まであがる仕事なのか？　で仕事の頑張り方は違います。

一般的には家賃は給与の3分の1に抑えた方が良いと言われています。良い家に賃貸で住みたいだけであれば地方の方が家賃が安いので、全国展開している企業の地方採用が良いかも知れませんし、地元に家を買いたいのであれば、家が欲しい場所の土地と家の価格を調べてローンを組んだときの金額を出すと稼ぎたい金額もわかってきます。

今回はわかりやすくて家に例えましたが、欲しい車がある、趣味が服で毎月ふを買いたい、アイドルのコンサートなどでお金を使う事が多い。など人それぞれお金の使い方は違います。自分の満足いく生活水準を見極めて仕事を選ぶ基準にしてみて下さい。

◆勤務時間

早く帰りたいから残業のない会社に入りたい。よく聞くフレーズです。問題ないと思います。大切なのは、早く帰りたい理由です。家に帰ってのんびりしたい、趣味に時間を使いたい、ゲームをしたい、テレビを見たい、本を読みたい、飲みに行きたい、家庭に時間を使いたい、などなど、人によって早く帰りたい理由は様々です。ここで大切なのは右記のようなやりたい事と他の【会社を選ぶ基準】のどちらが優先されるか?と言う事を「自分で把握しておく事」です。これは他の項目でも同じ事が言えます。

給料を稼ぐ事と自分の時間を確保する事、どちらが優先か？　自分の実力をつける事と趣味の時間を確保する事、どちらが大切か？

どちらが大切でも問題ありません。大切なのは、どちらが大切か自分で分かる事です。このように優先順位が明確になれば、仕事はグッと選びやすくなります。

◆職場の雰囲気

会社の文化というものがあります。背中を見て覚える文化、メール文化、システマチックな文化、会議中はお菓子を食べながら、など100の会社があれば100の文化があります。この文化が会社の雰囲気を作り、人間関係を構築しています。

一緒に働く人間関係が働く上で一番大切な場合、会社を選ぶ際にできるだけ既存の社員に会える努力をしましょう。会社の文化に関してはネットやOB訪問などで一見しただけではわかりません。

また、どんな人が昇進しているか？　も会社を選ぶ上ではとても大切なファクターになります。

職場の雰囲気は「人」が作るものなので、この要素が大切な場合は「人」にフォーカスした就職活動をお勧めいたします（62ページ参照）。

◆仕事の内容（業界）

新卒の就職活動でよく聞く言葉「業界分析」…必要でしょうか？　答えから言ってしまうと、最終的にはしている方が有利です。業界以外の目線で行きたい業界が定まっていれば、業界の用語や性質、業界あるあるなどを知る事は就職活動に置いてとてもプラスになると思います。反面、「業界分析」と言う名の元、自分が志望している業界以外のさまざまな業界を調べるのは労力の無駄になる可能性が高いです。また、業界（例えば「自動車産業」）にこだわって職種（例えば「営業職」）を考えないと、自分に合う仕事は見つからないかもしれません。

私は仕事柄、中途採用の支援をよくしていますが、中途での転職の場合、業界よりも職種で選んで転職活動をしている方の方が多いですし、業界を変えて転職している方の方が、仕事ができる人材が多い様に感じます。

一概には言えませんが、業界で選ぶのは新卒の時だけの傾向が強いので、あまり「業界分析」という言葉にとらわれずに仕事選びをすると選び易いかもしれません。但し、自分がどうしても行きたい業界がある、と言う場合は別です。その場合は注力してその業界を調べてください。

◆仕事の内容（業務）

業界とは逆に業務で仕事を選ぶ人もいます。例えば、人と話すのは苦手なので事務職が良い、人と関わる事が好きなので営業が良い、考える事が好きなので企画が良い、と言った理由で仕事を探す人も多いです。これも全然問題ないと思いますが、小さい会社であれば全ての業務を任されますし、大きい会社であれば、違う業務に回されてしまい、やりたい事ができない場合もあります。

業務が仕事を選ぶ第一条件の場合、別の業務に回されない仕事の探し方をする必要があります。大手に入りたい場合は難しいかもしれませんが、仕事の選び方を工夫して見ましょう。

◆仕事以外での付き合い

これも最近では言われていますが、同僚や先輩との仕事以外での付き合いの量も生活する上ではとても大切です。同僚や先輩と飲みに行くのが楽しい人もいれば、付き合いが嫌な人もいます。

そう言った人付き合いができないと会社でうまく仕事ができない場合もあれば、そうでない場合もあります。

人付き合いは、ある程度の範囲なら問題ないが、付き合う人にもよると言う場合もあると思います。入ってからでないとわからない部分もありますが、この部分がネックになる場合は、入社前に聞いてしまう事も一つの手ではあります。今では業務外は仕事の人と会わないと決めている人も多いので、割り切ってしまうのもありかもしれません。

◆会社の行事

会社での忘年会や新年会、社員旅行やバーベキューなど会社行事として様々な取り組みをしている会社は多くあります。この会社の行事に参加したい！　と言う人と、人が多いところには行きたくない！　という人に大きく分かれると思います。年が立つにつれ、会社への行事の強制参加は減ってきていますが、ないわけではありません。

また、参加したい！　という人もいると思います。

会社の行事がたくさんある方が良い人は、実際に受ける会社のＨＰやブログを見ると良いと思います。逆に、あまり行事に参加したくない人も会社のＨＰやブログをみて、多い会社は避けた方が良いかもしれません。

◆ブランド

有名な会社、名の知れている会社に入りたいという方も多いと思います。

有名な会社に入りたい場合、起業の為のブランド作りや、次回の転職活動に有利といった理由から、親に喜んで欲しい、友人に自慢できる、モテそうといった理由まで、様々な理由が考えられます。

自分の中で右記の様な目的がハッキリしていれば、ブランドで選ぶのも全然良いと思います。ブランドで選ぶ場合は、自分の知っている会社を片っ端から受けることになると思いますので、もう少し業界なり、職種なり、絞って探すと良いかも知れません。

◆身につくスキル、技術

仕事をしていて独立のためのスキルを身に付けたい、自分自身が成長する環境で仕事をしたい、という人も多いと思います。営業であれば営業力、コミュニケーション能力、企画であればファシリテーションや、プレゼンの資料作成、プレゼン力、ジムであればタイピングのスピードなど、どんな仕事でも身に付けられる仕事はあります。

一つ注意しなければいけない事は大手で管理職を経験したからマネジメントができます。と言っても、あまり他の企業では必要にされないケースが多いです。つまり一つの業種で、他の人でもできる様な経験だけ積んで来てしまうと、転職の際に役に立たないケースがあるという事です。

自分のスキルアップの為に仕事を選びたい場合は明確にどの様なスキルアップをしたいか描いた上で仕事を探すことをお勧めします。

15 仕事を選んだ人達の本音と実態

会社（仕事）を選んだ人の事例をいくつか紹介したいと思います。

◆企業ブランドを重視したAさんの場合

Aさんは、「せっかく4年生の大学に入ったのであれば有名な企業に入りたい」と思っていました。この時の選ぶ基準は「ブランド」「給与」がメインです。どんな業界に入るのか？　どんな仕事をするのか？　は、あまり重要視しているものではありませんでした。

結果としてAさんが選んだ会社は大手メーカーの会社です。Aさんとしては「ブランド」「給与」共に満足していた為、その会社を選んだ事は後悔していません。

では、Aさんは今、何をしているのでしょうか？

回答から言うとAさんは今、個人事業でフリーで働いています。使えるお金（収入）

は勤務時代より増えているものの、「ブランド」はもちろん前の方があります。ですが、元々働いていた会社はAさんのブランドになり得る為、個人事業で独立した現在でも、最初に選んだ「ブランド」の価値は生きています。

自分の中でこのように明確な優先順位がある場合は大手メーカー志望などで問題ないと思います。

◆給与を重視したBさんの場合

Bさんは「将来の給与」を第一優先に仕事を選び、内定がたくさん決まった会社の中から部長職になった時に一番給与の高い会社を選び入社しました。

その会社は残業や休日出勤がとても多く、体に負担がかかる会社でしたが、自分の勉強にもなるし、稼げるから「このままで良い」と続けて働いていたところ、連勤続きで実際に身体に不調をきたしてしまいました。

その後、本人は生命の危機を感じて転職を決意し、「給与」が第一ではなく「健康」を第一優先にし、転職活動を実施し、現在の職業に転職しています。

現在は、健康維持はもちろんのこと、会社でもしっかりと実績を残し、独立を検討しています。

Bさんは現状の働き方にもとても満足している為、このまま会社に残るのも一つの選択肢として、考えている所です。Bさんのケースでは「優先順位が変わったこと」が仕事の決め手になっています。

◆仕事のスケールを重視したCさんの場合

Cさんは現在の会社に入社して20年以上が経ちます。結論から申し上げると、現在Cさんは世の中に名の知れた大きな仕事をいくつも経験し、また新しい事にチャレンジできるポジションに配属され続けています。

Cさんの場合は大きな仕事がやりたいと言う意思の元、社内でしっかりと行動できた。継続できた事が最大の要因だと思います。

実際に入社して5年以上は大きな仕事は一切回って来ず、下積み時代を過ごされたそうです。その時の仕事は、あまり楽しい仕事ではなく、転職を考えた時期もあったそう。ですが30歳を迎える前に社内の偉い人から声がかかり、新しいチャレンジに取り組む機会を貰え、手をあげて大きな仕事をする機会を貰えたそうです。

その仕事をキッカケに社内でも他の人ができない様な特殊な仕事や、大きな仕事にチャレンジする機会が与えられ、現在も楽しく働くことができています。

◆スポーツ選手としてのキャリアを重視したDさんの場合

趣向を変えてスポーツ選手のDさんの話をしてみましょう。

Dさんはオリンピックにも出場される様な有名なスポーツ選手です。スポーツ選手の多くは実業団に所属したり、スポンサー契約をしたりして活動していますが、オリンピックに出場する選手でも多くは、金銭的に厳しい場合があります。華やかな世界ですが、大変な世界ですね。

さて、Dさんの場合は就職活動といった概念よりも「スポーツに専念できる環境」が仕事を選ぶ第一条件でした。

最初に入った会社は実業団のある会社でしたが、実業団の低迷と共に予算が削られ活動が難しくなってくる時期があったそうです。

その時Dさんがとった行動は、「自分で自分を売り込む」事でした。その結果、誰もが知っている会社に所属して、「スポーツ」を続ける事ができています。

この話を聞くと「いやいや、有名なスポーツ選手だからできる事でしょ?」と思うかも知れませんが、私の知り合いで自らを会社に売り込んで採用されている人材は数多くいます。「何を優先するか?」の最たる事例なので参考にしてみてください。

◆うって変わって主婦のEさんの場合

Eさんは自分の時間を取れることを最優先に「経験が活かせる仕事」を選んでいました。

最初は理系の大学を卒業した後、友人の紹介で特殊な業務についた為、結婚を機に転職する際「今まで取得した資格」を元に転職を決めました。給与や勤務の条件はとても満足するものだったのですが、どうしても上司との折り合いがあわず、「人間関係」がEさんの転職の条件に加わりました。

その後、友人の紹介でベンチャー企業に時短勤務で転職し、今は勉強しながら、会社の人達と人間関係を築いている所です。

Eさんの場合、運が悪かった事もありますが、なかなか社内の人物像は入社してみないとわからない事もある為、転職となってしまいましたが、何度か転職する事で解決した問題もある事例です。

【弊社が関わった学生の成長事例】

ユヌス・ソーシャルビジネス・コンテストと言うビジネスコンテストがあるのですが、弊社はそのビジネスコンテストの運営をお手伝いしております。

コンテストの概要としては、

グラミン銀行創設者であり、ノーベル平和賞受賞者であるバングラデシュのムハマド・ユヌス博士が提唱するソーシャル・ビジネスを具現化するために、日本で唯一のユヌスセンター　である九州大学ユヌス&椎木ソーシャル・ビジネス研究センター（SBRC）が開催するコンテストです。若者による革新的なソーシャル・ビジネスの創出を目的とし、過去の開催でも、自立的・持続的に社会的課題を解決するビジネスを創出してきました。

といった内容のコンテストになっており、「メンター」と言う、応募者と一緒に考えてビジネス以外の事も教えてくれる「人生の先輩」としての立ち位置で相談に乗ってくれる人が付くことも魅力です。

このコンテストに出してくる学生は約半年の間、ワークショップやメンターへの相談などでビジネスモデルを学びながら、最終的にビジネスのプレゼンテーションを登壇して実施します。

この中で、社会人との関わり、ビジネス全体を見る視線、資料作成、プレゼン能力など様々な力が身に付きます。

ユヌス・ソーシャルビジネス・コンテストに関わらず、学生が参加出来るビジネスコンテストは年々増えて来ていて様々なコンテストに参加できる機会があります。

半年の関わりの中で、最初はビジネスモデルも全く出来ていない学生チームが、発表の頃には社会人よりもしっかりとした事業計画でプレゼンをする姿を見ていると、毎回、とても感動します。

16 出会いの大切さ

出会いはとても大切です。結婚相手との出会い。生涯の親友との出会い。など、もしかしたら、今あなたが出会っている人があなたの人生にとってとても大切な人かもしれません（そうではないかもしれません）。

◆人事や会社との出会い

会社との出会いでは、ある会社に入社したら、その会社の社長になった。という人もいれば、1年も経たずにやめてしまったという人もいます。社長になった人からしてみれば、それこそ自分の人生の一大事、運命の出会いでしょう。ただ1年でやめてしまった人にとってもその人の履歴書には残るし、人生の100分の1程度はその会社で過ごしているのです。1年働くだけでも自分の人生にとって大きな営業を与えている事がほとんどです。

さらに、入社した会社の上司が尊敬できる人だった。と言う話もよく聞きます。その上司にビジネスのイロハを教わったと言う人もいれば人生において大切な事を教えてもらった。と言う人もいます（反面、何一つ学べないと言う上司も勿論います）。良くも悪くも上司との出会いは人生の大きなターニングポイントの一つです。ちなみに私は前職ではソリの合わない上司から飛ばされた先の上司がとても良い人で、今も密かに感謝しています。

会社の中での出会いもさることながら、社外での人との出会いも自分の人生には大きく影響します。営業先の会社の社長に気に入られて転職、と言う話もとても良くある話です。場合によっては後継者候補で誘われる事もあるくらいです。

会社の外で知り合った人に影響されて独立する人もいれば、自分の成長になる人も大勢います。是非、どこかの会社に所属したとしても会社の外での繋がりも作る様にしてみて下さい。

就職とは関係ないですが、結婚相手との出会いもとても大切です。会社が忙し過ぎて本当は結婚したいのに、相手を探す時間もなければ、出会える場所にも行けないのだと本末転倒です。自分の中での優先順位をしっかり決めて、是非良いご縁を掴み取って下さい。

一人の人との出会いで人生は変わる

実際に自分自身も、自分の周りでも起きている経験談ですが、誰か一人の人と出会う事で自分の人生が劇的に変わる事は、実は良くある事です。

目の前の人との縁を大切にする事で、自分が入りたい会社に入れるかもしれないし、自分が過ごしたい様な人生を過ごせるかもしれません。

出会う全ての人たちが善人という事は勿論ありません。ただ、もしかしたら今、あなたの隣にいる人があなたの人生を帰る人かもしれません。

就職活動に限らず、昇進、起業、プライベート全てにおいて、会社では無く「人」が関わっている事が積み重なって会社や社会が構成されている事を意識して活動してもらえると、この本を書いたかいがあります。

【ベンチャー企業よりさらにリスクのある？　アドベンチャー企業】

最近の会話の中で新しく出てきた言葉で「アドベンチャー企業」と言う言葉があります。（造語です）簡単に言うと、俗に言うベンチャー企業に入るよりも周りから見たらリスクの高い選択をする事です。

・会社の社長が1人社長で、売上も損益分岐点に行ってない、借り入れもある会社で働く

・地方の工場で、採用も上手くいかず、今まで付き合っていたメイン顧客も離れそうな会社で働く

・従業員への給与の遅配が発生している会社で働き続けるなど、経営危機だけど、その会社に入社したり、一緒に乗り越えるために働き続けたりする人達がいます。

個人的な意見ですが、この選択を若い時期にする（出来る）子達は、おそらく、今後仕事に困る事はないと思います。特に、なんの思いもなくブランドと給与目当てに大手に行く人の方がよっぽど困る可能性が高いと思っています。

まず、何かしら危ない会社で社長、従業員と一緒に働くと言う事は死に物狂いで色々

な事を努力すると言う事で、大手のブランドがつかない代わりに、ハングリー精神とともに様々なスキル、思考力が身につきます。周囲の人を見ていると、これは通常の就職活動で就職した人の比ではありません。

だからと言ってアドベンチャー企業への就職を進めたいわけではありません。アドベンチャー企業と思われる社長が「とても好き」企業にある技術が国や社会にとって守りたい。など心の底から湧き出る気持ちがある場合のみ、チャレンジしても良い選択肢だと思います。

アドベンチャー企業が選択肢に入る場合は、慎重に考えて選択して下さい。

あとがき

最後までお読み頂きありがとうございました。

自分自身、初めて執筆した本で、最初は「書き終わるかな？？」と言う不安もあったのですが、様々な人の協力を経て書き終える事が出来ました。

実際に書いている間も多くの就職活動、転職活動をしている方から相談を受け、回答をしてきましたが、そこに回答した事は全てこの本の中に書いてある！　と言いきれるくらいの内容を詰め込んだつもりです。

何かの思いで、手に取って頂いたと思います。

是非、読むだけではなく、行動に移してみて下さい。何かしら行動に移して分からない事や不安な事があれば私に直接連絡してもらっても大丈夫です。

(info@asukare.com)

一人でも多くの人が自分らしい生活、働き方が出来、楽しく過ごせる事を祈っています。

最後にはなりますが、私の似顔絵を快く書いて頂いた私の合気道の師範でもあり、著名なマンガ家の針すなお先生、この本の表紙、中身のイラストを描いてくれた株式会社コト・ラボ代表取締役　森屋律子さん、出版社の佐藤さん、最後にいつも自分を支えてくれている妻と娘を含め関わり頂いた全ての方にお礼申し上げます。

松尾　泰洋

【著者紹介】

松尾　泰洋（まつお たいよう）

アスカレッジ株式会社　代表取締役
1983年12月28日　福岡生まれ
合気道三段（針すなお師範に師事）

信州大学を中途退学した後、アルバイト、派遣社員などを転々とし、ソフトバンクモバイル株式会社（現ソフトバンク株式会社）に入社、高校生の時から25歳で独立すると決めていた為、25歳で退職を伝え、独立。
独立後は外資系金融機関の営業マンや、税理士、弁護士などの専門職向けにマーケティングコンサルティングなどを実施。その後2012年６月にアスカレッジ株式会社を設立。現在は研修、定着支援、採用コンサルティングなど人材に関する幅広い事業を展開している。

URL：https://www.asukare.com
アドレス：info@asukare.com

2020年2月8日　第1刷発行

本当はこんな基準で選んでいる
人事担当者の「本音」と「実態」

©著　者　松　尾　泰　洋
発行者　脇　坂　康　弘

〒113-0033　東京都文京区本郷3-38-1
発行所　株式会社 同友館
TEL. 03（3813）3966
FAX. 03（3818）2774
URL　https://www.doyukan.co.jp/

乱丁・落丁はお取替えいたします。　三美印刷／松村製本所
ISBN 978-4-496-05458-7　Printed in Japan